KB262881

생생 한국어 듣기

초급 코스

서울 한국어 아카데미 저

랭기지플러스

머리말

    최근 한국의 경제, 사회적 발전과 함께 영화나 드라마를 통한 한류 붐이 일면서 한국을 알고자, 한국어를 배우고자 또는 여행으로 한국에 오는 외국인이 급속히 늘어나고 있다. 그런 외국인을 위해 여러 가지 한국어 교재들이 출판 되었지만 대부분은 문법 체계에 의존한 교과서들이기 때문에 오랫동안 배워온 한국어 실력이 막상 어떤 상황에 부딪혔을 때 어떤 단어를 골라서 말해야 하는지 생각이 나지 않고, 또 한국인이 열심히 얘기해 주어도 무슨 이야기를 하는지 이해하지 못하는 경우가 허다하다. 이런 어려움을 호소하는 외국인 학생들을 보면서 상황에 맞는 듣기와 말하기 연습의 중요성을 절감하게 되었다.

    특히 한국어의 기초가 별로 없는 외국인의 경우에도 한국에서 최소한의 생활을 위해서는 필수적인 회화와 듣기 능력이 요구되므로 상황별 듣기와 말하기 교재의 개발은 시급한 실정이었다.

    그래서 오랫동안 한국어 교육을 해 온 서울 한국어 아카데미에서 그동안의 교육 경험을 바탕으로 학생들의 필요에 부응하는 이런 교재 개발에 적극 나서야 한다는 책임을 느끼고 준비하여 드디어 이번에 그 결과물이 나오게 되었다.

    이 책은 듣기 교재이지만 상황별 대화 중심이므로 살아있는 현장감 있는 회화 연습뿐만 아니라 한국 사회의 전반적인 모습을 이해하는 데에도 도움이 될 것이다. 그리고 한국어 수준에 따라 단계별로 나뉘어 있으므로 자신의 수준에 맞는 교재를 선택해서 공부하면 자연스럽게 듣기와 말하기 능력이 향상되는 것을 느낄 수 있을 것이다.

    끝으로 교재를 만들기 위해 애쓰신 심연선, 구영은, 나현희 선생님께 감사를 드리고, 출판을 맡아 주신 엄호열 회장님과 그 편집진의 노고에 감사드린다.

서울 한국어 아카데미 원장 **김진애**

이 책의 구성

※ 　　　　이 책은 초급 단계의 한국어를 습득한 외국인 및 재외 한국인들의 듣기와 회화 실력을 동시에 향상 시키고자 만들어졌습니다. 그래서 본문은 일상생활에서 흔히 주고 받는 대화 중심으로 구성하여 유사한 상황에 처할 때 한국인의 말을 잘 이해하고 외국인 역시 쉽게 자신의 의사를 표현할 수 있도록 하였습니다.

책은 모두 25과로 이루어졌으며 각 과는 난이도를 달리하여 세 부분으로 나눴습니다. 첫째 부분은 문법의 요점을 쉽게 파악할 수 있도록 짧은 문장 위주로 구성하였고. 둘째 부분은 좀 더 구체적이고 쉬운 내용의 대화문, 셋째 부분은 긴 대화문이나 설명문으로 구성하였습니다.

각 단원에는 [포인트]와 [단어 및 표현]이 있습니다.
[포인트]에서는 새로 나온 문법을 정리하고 예문을 넣어 공부할 문형을 분명하게 제시하였습니다. 학습자들은 본문을 듣기 전에 미리 보고 주된 문법을 파악하거나 내용을 들은 후 문법을 정리하면서 공부하면 도움이 될 것입니다.

[단어 및 표현]에는 새로 나온 단어와 일상생활에서 흔히 쓰이는 관용구를 실어서 실용적이고 사용빈도가 높은 단어에 익숙해지도록 하였습니다. 이 단어와 표현들도 본문을 듣기 전에 미리 의미를 알아보거나 내용을 들은 후 단어를 정리하는데 유익할 것입니다.

그리고 책의 중간 중간에 학습자의 정확한 한국어 발음 습득을 돕기 위하여 한국어 발음 안내를 실었습니다. 이것은 특히 맞춤법과 다르게 발음하는 규칙들을 상세히 설명함으로써 외국인 학습자가 좀 더 한국인의 발음과 가깝게 발음할 수 있도록 안내해줄 것입니다.

마지막으로 뒷부분에 녹음으로 들었던 대화의 본문과 질문의 정답을 실어서 학습자가 확실하게 내용을 이해하도록 하였습니다.

차례

	ㅏ	ㅑ	ㅓ	ㅕ	ㅗ	ㅛ	ㅜ	ㅠ	ㅡ	ㅣ
ㄱ	가	갸	거	겨	고	교	구	규	그	기
ㄴ	나	냐	너	녀	노	뇨	누	뉴	느	니
ㄷ	다	댜	더	뎌	도	됴	두	듀	드	디
ㄹ	라	랴	러	려	로	료	루	류	르	리
ㅁ	마	먀	머	며	모	묘	무	뮤	므	미
ㅂ	바	뱌	버	벼	보	뵤	부	뷰	브	비
ㅅ	사	샤	서	셔	소	쇼	수	슈	스	시
ㅇ	아	야	어	여	오	요	우	유	으	이
ㅈ	자	쟈	저	져	조	죠	주	쥬	즈	지
ㅊ	차	챠	처	쳐	초	쵸	추	츄	츠	치
ㅋ	카	캬	커	켜	코	쿄	쿠	큐	크	키
ㅌ	타	탸	터	텨	토	툐	투	튜	트	티
ㅍ	파	퍄	퍼	펴	포	표	푸	퓨	프	피
ㅎ	하	햐	허	혀	호	효	후	휴	흐	히

발음

ㅏ	다리, 가지, 치마, 바나나, 사자, 자리, 타다, 하나
ㅑ	이야기, 야구
ㅓ	거리, 허리, 머리, 드디어, 어디, 아버지, 버스
ㅕ	고려, 비녀, 며느리, 혀, 겨자
ㅗ	오이, 고리, 소리, 미소, 서로, 포도, 토마토, 호두
ㅛ	요리, 자료, 가요, 묘, 교가, 효자
ㅜ	우리, 누구, 누나, 고구마, 구두, 하루, 부자, 투수
ㅠ	유리, 우유, 규모, 교류, 휴지
ㅡ	스포츠, 어느, 스스로, 크다, 끄다, 고르다, 자르다
ㅣ	키, 커피, 미리, 거기, 가시, 지루하다, 느리다, 찌다, 삐다
ㅐ	개나리, 노래, 야채, 해, 매주, 찌개, 태우다, 새우
ㅒ	얘기, 쟤,
ㅔ	네, 가게, 세수, 어제, 카레, 헤어지다, 데우다
ㅖ	예사, 예수, 계기, 폐, 노예, 세계, 차례
ㅘ	과자, 교과서, 화려하다, 좌우
ㅙ	왜, 돼지, 유쾌하다, 쇄도
ㅚ	뇌, 회사, 쇠고기, 교외
ㅝ	뭐예요, 더워요, 고마워요
ㅞ	웨이터, 웨이브, 궤도
ㅟ	가위, 쥐, 뒤, 쉬다, 취미
ㅢ	발음이 세 가지로 난다.

① 첫 음절일 때는 [ㅢ]로 발음한다.
    : 의리, 의미, 의사, 의지

② 자음으로 시작하는 첫 음절이나 첫 음절 이외에서는 [ㅣ]로 발음한다.
    : 띄어쓰기, 희망 / 회의, 고의로, 부주의, 무늬

③ 조사일 때는 [ㅔ]로 발음한다.
    : 아이의 바지, 아버지의 의자, 어머니의 시계

받침

모든 자음은 받침으로 표기할 수 있으나 모두 발음할 수 있는 건 아니다. 발음할 수 있는 자음은 'ㄱ, ㄴ, ㄷ, ㄹ, ㅁ, ㅂ, ㅇ' 7개뿐이며 발음할 수 없는 자음은 7개 중 하나로 발음되는데 이 7자음을 '대표음'이라 한다. 대표음은 다음과 같다.

받침	대표음
ㄱ, ㅋ, ㄲ	ㄱ
ㄴ	ㄴ
ㄷ, ㅌ, ㅅ, ㅆ, ㅈ, ㅊ, ㅎ	ㄷ
ㄹ	ㄹ
ㅁ	ㅁ
ㅂ, ㅍ, ㅃ	ㅂ
ㅇ	ㅇ

ㄱ 역, 책, 약, 죽, 가격, 가족, 저녁, 도시락, 밖, 부엌

ㄴ 돈, 손, 신문, 사전, 자연, 친구, 어떤, 왼쪽, 오른쪽

ㄷ 곧, 옷, 빗, 낮, 꽃, 밑

ㄹ 말, 술, 얼굴, 달력, 겨울, 갈비

ㅁ 김치, 이름, 사람, 점심, 감자, 컴퓨터

ㅂ 밥, 컵, 집, 지갑, 앞, 옆

ㅇ 빵, 동생, 선생님, 양말, 종이, 창문

겹받침

두 개의 자음이 받침으로 쓰일 때는 둘 중 하나만 발음을 한다.

값	[갑]	흙	[흑]	외곬	[외골]
몫	[목]	닭	[닥]	여덟	[여덜]
삯	[삭]	삶	[삼]	밟다	[밥따]

① 앞 음절이 자음으로 끝나고 뒤 음절이 모음으로 시작되면 앞 음절의 자음(받침)을 다음 음절의 첫 소리로 연음해 발음한다.

목요일 [모교일]	옷을 [오슬]	만원이에요	[마눠니에요]
음악 [으막]	꽃은 [꼬츤]	같아요	[가타요]
1일 [이릴]	물을 [무를]	10일이에요	[시비리에요]
11월 [시비뤌]	바깥으로 [바까트로]	입어요	[이버요]

② 겹받침일 경우에는 오른쪽 받침이 다음 글자의 첫소리로 발음된다.

삶에 [살메]	앉으세요 [안즈세요]	얇은 [얄븐]
젊음은 [절므믄]	읽어요 [일거요]	얇아요 [얄바요]
앉은 [안즌]	맑으면 [말그면]	핥아서 [할타서]

③ 그러나, 항상 이 규칙을 따르는 것은 아니다. 각각 독립적인 두 단어가 연결될 때는 앞 음절의 받침이 대표음으로 바뀐 뒤 연음된다.

몇 월 [면월]	➡	[며둴]	값어치 [갑어치]	➡	[가버치]
겉옷 [걷옷]	➡	[거돋]	맛없다 [맏업따]	➡	[마덥따]
옷 위 [옫위]	➡	[오뒤]	꽃 아래 [꼳아래]	➡	[꼬다래]

④ 받침이 /ㅎ/일 경우에는 발음을 하지 않는다.

넣어요 [너어요]	놓으세요 [노으세요]	싫으면 [실으면]
좋은 [조은]	많이 [마니]	괜찮아요 [괜차나요]

⑤ 받침이 /ㅎ/이더라도 자음이 올 때는 그대로 발음을 한다.

좋습니다 [졷씀니다]

읽어봅시다

- 꽃을 샀어요.

- 아이가 책을 읽어요.

- 빵을 식탁 위에 놓으세요.

- 이 책을 읽어 보세요.

- 의자 밑에 가방이 있어요.

- 겉옷이 너무 얇아서 추워요.

- 이건 맛없어서 먹기 싫어요.

- 오늘이 몇 월 며칠이에요?

- 우리 집에서 걸어서 10분이에요.

- 기분 나쁜 일은 빨리 잊어버리세요.

Unit **1**

누구세요?

▶ ～이다

이것은 제 커피예요.
저는 한국 사람입니다.
이분이 선생님이에요?
이 사람은 제 친구가 아닙니다.

▶ ～은/는

저는 학생입니다.
이 분은 김 선생님입니다.

※ 저 분이 마이클 씨입니다.

단어 및 표현

이분	그게(그것이)	이건(이것은)	노트북
저건(저것은)	그건(그것은)	뭐(무엇)	전자사전

Unit 1 누구세요?

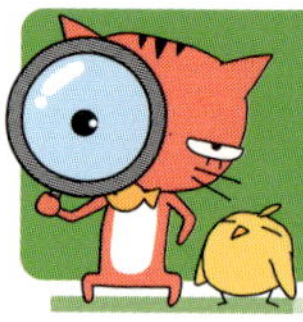

01 녹음을 들으십시오. 그림과 맞으면 O, 틀리면 X를 하십시오. 1-01, 00:17

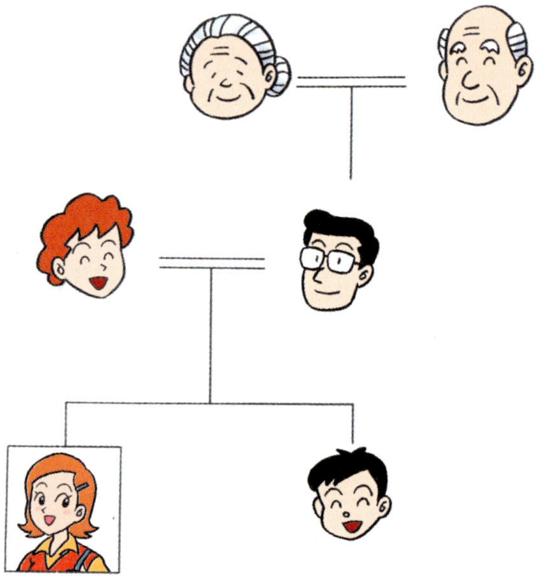

나

1) (　　　)

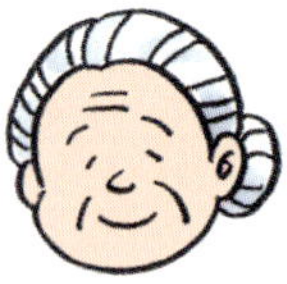

2) (　　　)

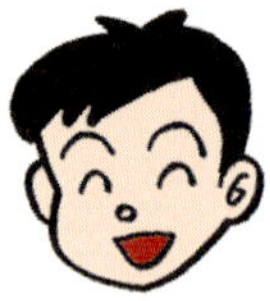

3) (　　　)

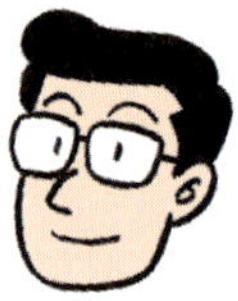

02 녹음을 듣고 맞는 그림을 고르십시오. 1-01, 00:59

1) (　　　)

❶

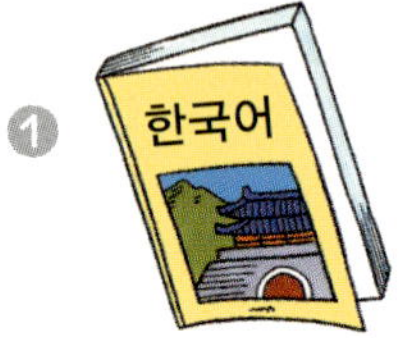

❷

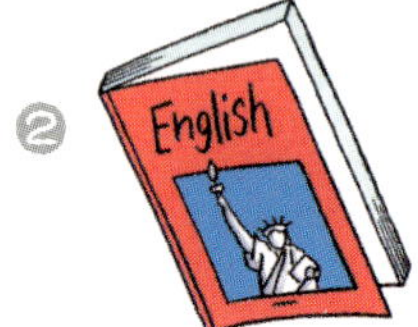

2) (　　　）

3) (　　　）

4) (　　　）

5) (　　　）

03 다음 대화를 듣고 질문에 대답하십시오.  1-01, 02:09

1) 두 사람은 무엇을 봅니까?

　→

2) 오빠는 무슨 일을 합니까? ➡ (   )

①

②

③

④

3) 여동생이 회사원입니까? ➡

04 녹음을 듣고 빈칸에 쓰십시오. 1-01, 02:54

1. 가 : 이 사람은 1)___________?
   나 : 제 2)__________이에요.
   가 : 남자친구가 3)___________?
   나 : 아니에요.

2. 가 : 4)___________ 누구 전자사전이에요?
   나 : 아, 5)___________. 고마워요.

담배가 있어요?

▶ ～이 / 가 있다 (없다)

저는 오빠가 있습니다.
오늘 약속이 없습니다.
교실에 학생이 있습니다.
집에 텔레비전이 있습니다.

▶ ～고 있다

아기가 자고 있습니다.
학생이 책을 읽고 있지 않습니다.
요즘 한국말을 공부하고 있습니다.
할아버지께서 밥을 드시고 계십니다.

단어 및 표현

편의점	물건	맥도널드	아르바이트
식사준비	～짜리	～개	모카커피
～잔	～마리	아가씨	～갑
※어서 오세요	여기 있어요		

01　편의점에 무엇이 있습니까? 녹음을 듣고 편의점에 있는 것에 O 하십시오. 🎧 1-02, 00:17

02 어디에 있습니까? 녹음을 듣고 연결하십시오.  1-02, 00:56

1) •

2) •

3) •

4) •

5) •

❶ 

❷ 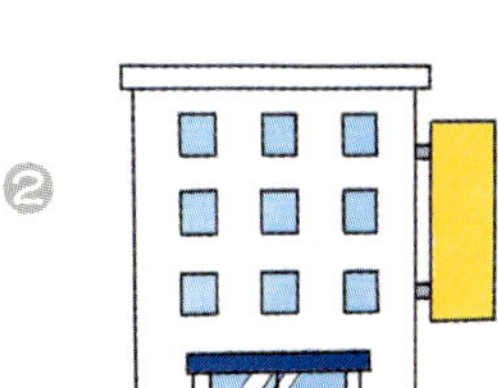

❸ 

❹ 

❺ 

03 얼마입니까? 녹음을 듣고 녹음 내용과 맞는 그림을 고르십시오. 1-02, 02:16

1) ❶ 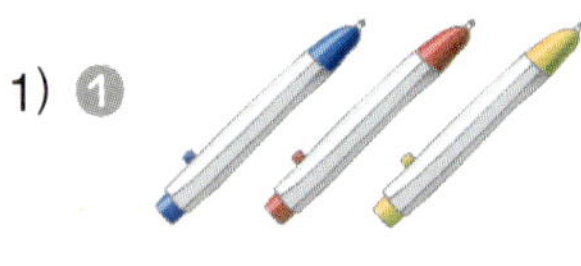
1,500원

❷ 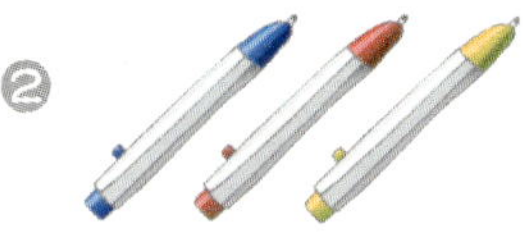
500원

2) ❶ 
1,000원

❷ 
5,000원

3) ❶ 
1,500원

❷ 
2,500원

4) ❶ 
3,500원

❷ 
4,500원

5) ❶ 
4,000원

❷ 
4,000원

04 다음 대화를 듣고 질문에 대답하십시오. 1-02, 03:18

1) ❶ 2,000원   ❷ 2,500원   ❸ 3,000원   ❹ 3,500원

2) ❶ 한 갑   ❷ 두 갑   ❸ 세 갑   ❹ 네 갑

Unit 3 생일이 언제예요?

POINT

▶언제입니까?

생일이 언제입니까?
제 생일은 4 월 5 일입니다.

▶누구 것입니까?

그 우산은 제 것입니다.
그건 제 것이(제) 아니에요.
이 우산이 누구 것입니까?

단어 및 표현

~ 월	~ 일	하루종일	그래서
인사동	물어보다	참	~ 한테서
그냥	~(으)로	그런데	그때

※ 얼마 안 남았네요

생일이 언제예요?

01 오늘은 몇 월 며칠입니까? 녹음을 듣고 날짜를 쓰십시오. 🎧 1-03, 00:17

1) 오늘은 (　　　　　　　　) 입니다.

2) 오늘은 (　　　　　　　　) 입니다.

3) 오늘은 (　　　　　　　　) 입니다.

4) 오늘은 (　　　　　　　　) 입니다.

5) 오늘은 (　　　　　　　　) 입니다.

02 다음의 일들이 언제 있습니까? 녹음을 듣고 맞는 날짜를 쓰십시오. 🎧 1-03, 01:09

| 보기 | 오늘은 학원에서 한국말을 공부했어요.(10월 16일)

1) ➡
2) ➡
3) ➡
4) ➡
5) ➡

03 다음 대화를 듣고 물건과 사람을 맞게 연결하십시오. 🎧 1-03, 02:25

1) 영희 •

2) 수미 •

3) 미영 •

4) 스미스 •

5) 마이클 •

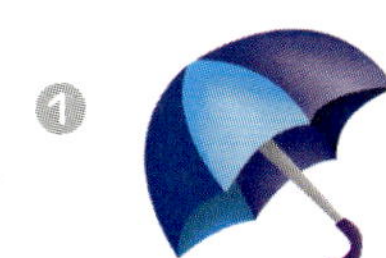
❶

❷

❸

❹

❺

04 다음 대화를 듣고 맞으면 O, 틀리면 X를 하십시오. 🎧 1-03, 03:47

1) 오늘은 리즈 씨 생일이에요. ··· (   )

2) 리즈 씨가 생일 선물로 모자를 받았어요. ···································· (   )

3) 리즈 씨 생일에 수미 씨와 같이 식사할 거예요. ······················· (   )

4) 리즈 씨 생일이 수미 씨 생일보다 빨라요. ······························· (   )

언제 문을 열어요?

▶몇 시입니까?

지금 몇 시입니까?
두 시 반입니다.
다섯 시 오 분 전입니다.

단어 및 표현

~시	~분	~전	~시간
~후	~쯤	반	평일
오후	~까지	지나다	쉬다
※문을 열었어요?	문을 닫아요		

01　몇 시입니까? 녹음을 듣고 맞는 그림과 연결하십시오. 🎧 1-04, 00:17

1)

2)

3)

4)

5)

02 녹음을 듣고 맞는 답을 고르십시오. 🎧 1-04, 01:06

1) ① 2시 10분　　② 2시 20분　　③ 1시 10분　　④ 1시 50분

2) ① 2시 30분　　② 2시 40분　　③ 3시 30분　　④ 3시 40분

3) ① 9시 30분　　② 10시　　③ 10시 30분　　④ 11시

4) ① 5시 반　　② 6시 반　　③ 7시 반　　④ 8시 반

5) ① 오후 8시　　② 오후 7시　　③ 오후 6시　　④ 오후 5시

03 다음 대화를 듣고 맞으면 O, 틀리면 X를 하십시오. 🎧 1-04, 02:57

1) 은행은 보통 9시에 일을 시작해요. ……………………………………… (　　　)

2) 은행은 토요일에도 일을 해요. ……………………………………… (　　　)

3) 5시에 은행에 가면 늦어요. ……………………………………… (　　　)

ㅎ

01 첫 음절에서는 제대로 발음한다.

회의 [회이]   학생 [학쌩]   한 명 [한명]   화분 [화분]   휴일 [휴일]   할머니 [할머니]

오늘은 화요일이에요.
학생이 아직 한 명도 오지 않았어요.
며칠 전부터 허리가 아파요.

02 /ㄴ, ㄹ, ㅁ/ 뒤에서는 약해진다.

전화 [전와 →저놔]   은행 [은앵 →으냉]   피곤해요 [피곤애요 →피고내요]
천천히 [천천이 →천처니]   일하고 [일아고 →이라고]

은행에 가요.
도착하는 대로 전화하세요.
어제 잠을 못 자서 피곤해요.
조금 천천히 말해 주세요.
열심히 일하고 싶습니다.

03 뒤에 모음이 오면 발음을 하지 않는다.

좋아요 [조아요]   넣어요 [너어요]   놓으면 [노으면]

커피에 설탕을 넣어요.
날씨가 좋으면 산에 갑시다.
괜찮으면 같이 맥주 마실래요?

04 /ㄱ, ㄷ, ㅂ, ㅈ/을 만나면 각각 /ㅋ, ㅌ, ㅍ, ㅊ/으로 바뀐다.

생각하다 [생가카다]   복잡하다 [복짜파다]   깨끗하다 [깨끄타다]
좋지만 [조치만]   놓고 [노코]

빨갛게 노을이 들었어요.
생선이 머리에 좋대요.
길이 너무 복잡하네요.
거기에 놓지 마세요.

뭐 드시겠어요?

▶ 몇 개입니까?

어제 두 시간 공부했습니다.
교실에 학생이 세 명 있습니다.

▶ ~을 / 를 주세요

우유 두 개 주세요.
아주머니, 물 좀 주세요.

▶ ~이 / 가 되다

지금 식사가 돼요?
여기에 주차가 안 됩니다.

단어 및 표현

무슨	~송이	~켤레	오렌지 주스
~병	~명	쇠고기(소고기)	~g(그램)
반만	컴퓨터	순두부찌개	~인분
김치찌개	그럼	~그릇	그리고
고추장	반찬	무료	더
앞접시			

※어떻게 팔아요?

　고추장은 따로 주세요　　　　여기요!

　계란은 빼 주세요　　　　　　돈을 내다

　　　　　　　　　　　　　　갖다 주다

01 녹음을 듣고 맞는 그림을 고르십시오. 1-05, 00:17

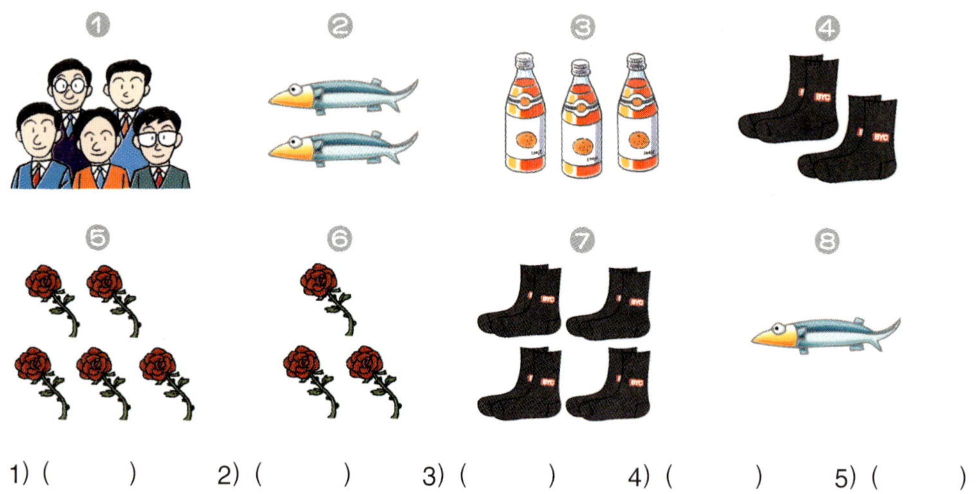

1) (　　　)　　　2) (　　　)　　　3) (　　　)　　　4) (　　　)　　　5) (　　　)

02 다음 대화를 듣고 맞는 그림을 고르십시오. 1-05, 01:21

1) (　　　)

(1,000원)　　　　　(500원)　　　　　(1,000원)

2) (　　　　)

3) (　　　　)

❶ 1시간 – 1,200원

❷ 2시간 – 2,000원

❸ 하루 – 20,000원

03 다음 대화를 듣고 질문에 답하십시오. 🎧 1-05, 02:25

1) ❶ 1명　　　　❷ 2명　　　　❸ 3명

2) ❶ 비빔밥　　　　❷ 갈비탕　　　　❸ 순두부찌개

04 다음 대화를 듣고 질문에 답하십시오. 1-05, 03:07

1) ❶ 김치찌개 ❷ 비빔밥 ❸ 고추장찌개 ❹ 계란찜

2) ❶ 고추장 ❷ 양파 ❸ 마늘 ❹ 계란

05 다음 대화를 듣고 맞으면 O, 틀리면 X를 하십시오. 1-05, 04:04

1) 반찬을 먹으면 돈을 더 냅니다. ……………………………………… (   )

2) 이 손님은 반찬을 더 먹고 싶어합니다. ………………………………… (   )

3) 이 손님은 큰 접시가 필요합니다. ……………………………………… (   )

4) 이 손님은 반찬을 주문했습니다. ……………………………………… (   )

교사용 지침서

- 구성 및 교수법
- 각 과별 포인트 강의

랭기지플러스

1. **대상**   초급 단계의 한국어 문법을 습득한 외국인 및 재외 한국인으로 문법 및 듣기 실력을 향상시키고자 하는 한국어 학습자

2. **교육기간**   한 과에 60분씩, 총 25회

3. **교재의 구성 및 교수법**

　1과 들어가기 전 글자의 기본 구성 및 연음 등을 실어 한글의 기본 구성을 이해하도록 했다. 각 과는 포인트, 단어 및 표현, 본문 세 부분으로 구성되어 있으며 포인트와 단어 및 표현은 본문의 이해를 돕기 위해 그 과에서 주요하게 다룬 문법 및 단어, 관용표현을 뽑아 놓은 것으로 본문 앞에 실었다. 본문은 난이도에 따라 세 부분에서 다섯 부분으로 나누었다.

　Tip은 다음 과로 넘어갈 때 생기는 공란에 넣은 부분으로 발음에 대한 이해를 돕고자 번역과 함께 실었다.

1) **글자의 기본 구성**

　학습자들은 이미 기초적인 한국어를 배운 뒤이기 때문에 교사는 발음을 중심으로 학생들에게 연습시킨다. 특히, 한국어는 연음이 매우 중요하므로 연음을 충분히 연습시킨다.

2) **포인트**

　각 과의 첫 번째 페이지 상단에 있으며 각 과의 중요 문법만을 뽑아 예문과 함께 실어 놓은 것으로 수업 시작 전에 교사가 간단하게 설명하도록 한다. 특히, 두 가지 이상의 의미를 가지고 있는 문법인 경우에는 그 과에서 어떤 의미로 쓰였는지를 학생들에게 정확하게 설명해야 한다.

3) **단어 및 표현**

　각 과의 첫 번째 페이지 하단에 있으며 각 과의 본문에 실린 중요 단어나 관용표현으로 수업 시작 전에 교사가 간단하게 설명하도록 한다. 단어는 특별히 예문을 싣지 않았으므로 예문이 필요한 경우, 교사는 적절한 예문을 제시해 준다. 관용표현은 따로 문법 설명을 하지 말고 어떤 상황에서 쓰는지만 간단하게 예를 들어 설명한다.

4) 본문

난이도에 따라 01에서 05까지 세분화시켰으나 대체로 세 부분으로 나누었다.

· 첫째 부분   각 과에서 다루는 중요 문법이 들어간 간단하고 쉬운 문장으로 구성되어 있으므로 학생에게 한 번만 들려주고 문제를 풀어 보도록 한다.

· 둘째 부분   대체로 간단한 대화문 형식으로 구성되어 있다. 교사는 학생에게 한 번 들려주고 문제를 풀어 보도록 한 후, 학생과 답을 맞춰보면서 그 대화문의 상황설정에 대해 설명해 준다.

· 셋째 부분   본문은 대체로 긴 대화문이나 설명문이며 문제는 받아쓰기, ○×, 주관식 등의 형식이므로 집중력이 필요하다. 따라서 교사는 학생에게 들려주기 전에 주의를 주고, 2번 들려준다.

5) Tip

한국어의 대표적인 발음규칙에 대한 설명으로 번역과 함께 실었다. 그러나, 학습자 스스로 이해하기에는 다소 어려우므로 교사가 학습자에게 이해를 시키고 실제로 발음을 해 보게 한 후 잘못된 부분은 고쳐 주도록 한다. 학습자는 한국어 초보자이기 때문에 규칙을 완벽하게 이해할 수 없을 것이다. 따라서 교사는 규칙을 완벽하게 이해시키기보다는 발음이 어떻게, 왜 바뀌는지를 납득시키도록 한다.

4. 각 과별 구성 및 교수법

과	학습목표	포인트(문법·문형)	주의사항 (*01/02/03 : 교재 중 문제 번호)
1과	명사종결형과 조사 '은/는'을 익힌다.	명사+입니다 '은/는'	'~입니다'와 '~이에요'의 형태를 구별해 주고 부정형도 익히도록 한다.
2과	물건의 소재여부를 말할 수 있고, 진행 중인 동작을 말할 수 있다.	~이/가 있다(없다) ~고 있다	'~이/가 있다'는 존재와 소유의 의미가 있음을 구분해 주고 위치는 설명하지 않는다. 03 : 가격의 단위를 잘 구별하도록 한다.
3과	날짜 및 시간 명사를 익힐 수 있다.	언제입니까? 누구 것입니까?	01/02 : 연음되는 부분에 주의하여 날짜를 연습시킨다.
4과	시간을 익힐 수 있다	몇 시입니까?	시와 분의 단위 명사가 다르므로 주의를 준다.
5과	다양한 단위 명사를 익힐수 있다.	몇 개입니까? ~을/를 주세요 ~이/가 되다	양사를 포함한 숫자를 정확히 듣게 한다.
6과	구어체 종결어미와 다양한 형용사 표현을 익힐 수 있다.	~이/가 어때요? ~아/어/여요	
7과	과거형 표현과 앞으로의 계획을 말할 수 있다.	~았/었/였습니다 ~(으)려고 해요	01 : 사전에 나라이름을 공부시킨다.
8과	위치를 익힐 수 있고, 전후 대조문을 말할 수 있다.	~이/가 ~에 있다 ~지만	
9과	자기의 바람을 말할 수 있다.	~고 싶다 ~전에	'~전에' / '~기 전에' 둘 다 가르친다.

과	학습목표	포인트(문법·문형)	주의사항 (*01/02/03 : 교재 중 문제 번호)
10과	사실을 확인할 수 있다.	~지요?	사실을 확인하는 의문형의 '~지요'만 가르친다.
11과	이동의 목적을 말할 수 있고, 시간 및 동작의 전·후를 말할 수 있다	~(으)러 ~아/어/여서(이유) ~(으)ㄴ 후에	02 : 동작의 전후를 듣고 구별하게 한다.
12과	가정문을 말하는 방법과 미래형을 익힌다.	~(으)면 ~(으)ㄹ 거예요(미래형)	'~(으)ㄹ 거예요'의 경우 미래형만 가르친다.
13과	누구한테 무엇을 주거나 받았다는 표현과 형용사와 동사의 명사 수식형을 익힌다.	~한테(에게) ~을/를 주다 ~한테서 ~을/를 받다 ~(으)ㄴ/는	형용사와 달리 동사의 명사 수식형은 시제에 따라 세 가지가 있으므로 구별하여 설명한다.
14과	추측의 표현을 익힌다.	~(으)ㄹ까요? ~(으)ㄹ 거예요(추측)	01 : '에게/에게서'를 정확히 구별하게 한다. '~(으)ㄹ 거예요'의 경우 추측형만 가르친다.
15과	정중하게 도움을 요청하거나 제의하는 표현을 익힌다.	~아/어/여 드릴까요? ~아/어/여 주세요	02 : 대화의 내용을 주의 깊게 듣게 한다.
16과	'는데'를 이용하여 설명하는 표현을 익힐 수 있다.	~(으)ㄴ/는데	02 : 대화의 내용을 주의 깊게 듣게 한다.
17과	가능 여부를 표현할 수 있다.	~(으)ㄹ 수 있다 ~지 못하다 / 못 ~	02 : 대화와 문제를 함께 읽으므로 주의하여 듣게 한다.
18과	시도의 표현을 익힐 수 있다.	~아/어/여 보다	이 문형은 쇼핑 등 일상생활에서 많이 쓰이므로 어떤 상황에서 쓸 수 있는지 실제적인 예를 들어 준다.

과	학습목표	포인트(문법·문형)	주의사항 (＊01/02/03 : 교재 중 문제 번호)
19과	비교의 표현을 익힐 수 있다.	~중에서 제일 ~보다	'~중에서'와 '~에서'의 차이를 설명한다.
20과	이유의 '(으)니까'와 경험여부의 표현을 익힐 수 있다.	~(으)니까 ~(으)ㄴ 적이 있다	'~(으)니까'와 '~기 때문에'를 구별해 준다.
21과	허락 및 금지 표현을 익힌다.	~아/어/여도 되다 ~(으)면 안 되다	03 : 대화가 기니까 두 번쯤 들려 준다.
22과	연결동작을 표현하는 방법을 익힌다.	~아/어/여서(연결)	'~고'와 '~아/어/여서'를 구별해 준다.
23과	추측의 표현과 기간을 표현할 수 있다.	~(으)ㄴ/는 것 같다 ~(으)ㄴ 지 ~되었다	'~(으)ㄴ/는 것 같다'는 추측의 표현 이외에도 자기의 생각을 표현할 때도 사용되므로 구별해 준다.
24과	어떤 일의 시점을 말할 수 있다.	~(으)ㄹ 때	'~(으)ㄹ 때'와 '~았/었/였을 때'를 구별해 준다.
25과	의도와 당위성을 표현하는 것을 익힌다.	~아/어/여야 하다 ~(으)려면	

① 누구세요?

▶ 학습목표
명사종결형과 조사 '은/는'을 익혀 이 사람이 누구인지, 이것이 누구의 물건인지를 말할 수 있다.

▶ 포인트 (문법 · 문형)
① 명사 + 입니다
* '~입니다'와 '~이에요/예요'의 차이를 설명한다.
* 부정형 '~이/가 아닙니다' '~이/가 아니에요'를 설명한다.

② ~은/는
* 받침이 있을 때는 '~은', 받침이 없을 때는 '~는'이 오는 것을 설명한다.

▶ 단어 및 표현
* '이것은/그것은/저것은'은 일상생활에서 '이건/그건/저건'으로 말한다는 것을 설명한다. 또한, '이것이/그것이/저것이'가 '이게/그게/저게'가 된다는 것과 '무엇'이 '뭐'로 쓰인다는 것도 설명한다.
* '노트북'과 같은 외래어에 주의한다.

▶ 본문
01 * '~입니다'의 발음이 [임니다]가 된다.
　 * 연음에 주의하도록 한다.
　　 예) '사전이에요.' → [사저니에요]
02 * '~ 거예요'는 [~ 꺼예요]처럼 된소리로 발음된다.
　 * '가방이에요' '학생은'처럼 받침 'ㅇ' 뒤에 바로 모음이 올 경우 발음이 어려우므로 연습시킨다.

② 담배가 있어요?

▶ 학습목표
물건의 소재여부를 말할 수 있고, 진행 중인 동작을 말할 수 있다.

▶ 포인트 (문법 · 문형)
① ~이/가 있다(없다)

* ‘~이/가 있다(없다)’에는 존재와 소유의 의미가 있음을 설명한다.
  예) 동생이 공원에 있어요.
      저는 동생이 없어요.
* ‘~ 있다’의 존경어인 ‘~ 계시다’도 설명한다. ‘있다’의 부정어
  는 ‘없다’지만 ‘계시다’의 부정어는 없다. 부정형인 ‘안 계시
  다’로 쓴다는 것을 설명한다.
  예) 할아버지가 계세요.
      할아버지가 안 계세요.
* ‘~ 있다’는 사물이 아닌 추상적인 것도 사용한다.
  예) 시간이 있어요.

② ~고 있다
  * ‘~고 있다’의 부정형은 ‘~고 없다’가 아니라 ‘~고 있지 않다’
    라는 것을 주의한다.
  * 윗사람에게는 ‘~고 계시다’를 쓴다.

▶ 단어 및 표현
  * 단위 명사에 주의한다. 특히, 단위 명사가 홀로 쓰이면 ‘하나, 둘,
    셋, 넷, 스물’이지만 뒤에 명사가 올 경우 ‘한, 두, 세, 네, 스무’
    로 바뀐다는 것을 설명한다.
  * 한글 숫자와 한자 숫자의 쓰임이 다르므로 주의한다.
  * 조사 ‘~께서’는 ‘~이/가’의 존경어임을 설명하고 ‘~께’와 헷갈
    리지 않도록 주의한다.
  * ‘아르바이트’와 같은 외래어에 주의한다.

▶ 본문
01 * ‘편의점’과 같이 학습자들이 발음을 유추해 내기 어려운 발음
     은 눈으로 확인할 수 있도록 칠판에 [펴니점]이라고 써 준다.
03 * 숫자 자체를 발음하는 것은 어렵지 않으나 연음이 되면 발음이
     어려워지므로 학습자들에게 주의를 주고 되도록 눈으로 확인시
     켜 준다.
     예) 500원이에요. → [오배궈니에요]
         1500원이에요. → [처노배궈니에요]

③ 생일이 언제예요?

▶ 학습목표
  날짜 및 시간 명사를 익힐 수 있다.

▶ 포인트 (문법 · 문형)
  ① 언제입니까?
    * 시간과 날짜를 묻는 표현으로 이 질문을 받았을 때 대답할 수 있
      어야 한다.
    * '1월'과 '2월', '11월'과 '12월', '3월'과 '4월'의 발음이 어려
      우므로 주의하면서 연습한다.
    * 예외적으로 '6월'은 '육월'이 아닌 '유월'로, '10월'은 '십월'
      이 아닌 '시월'로 표기하고 발음한다는 것을 설명한다.
    * '1일' '2일' '11일' '12일' '21일' '22일'처럼 '1'과 '2'가 들어가
      는 달이나 날짜에 주의한다.
    * '16일'이 [심뉴길]로 '26일'이 [이심뉴길]로 발음된다는 것을
      주의한다.

  ② 누구 것입니까?
    * '것'은 앞의 말의 수식을 받아 그 물건을 나타내는 말로 '누구
      것'은 '누구의 것'이라는 의미임을 설명하다.
    * '것'은 자주 받침 'ㅅ'을 뺀 '거'의 형태로 말한다는 것을 설명
      한다. 그래서 '누구 것입니까?'는 '누구 겁니까?' 또는 '누구
      거예요?'가 됨을 설명한다.

▶ 단어 및 표현
  * 사람이나 동물일 경우 '~한테서(에게서)' '~한테(에게)'를 사용하
    지만 장소일 경우에는 '~에서' '~에'가 된다는 것을 설명한다.
  * '개'나 '고양이'는 '한테'를 쓰지만 '꽃'은 '에'를 쓴다.

▶ 본문
  01 * 날짜의 발음은 연속적으로 연음되어 상당히 어려우므로 발음
        을 써서 확인시킨다.
        예) 20일이에요. → [이시비리에요]
            11일이에요 → [시비리리에요]
  02 * '언제'와 '어제'의 발음은 매우 비슷하므로 주의한다.

* 요일도 연음이 되는 것은 주의한다.
   예) 목요일 → [모교일]   월요일 → [워료일]
* '있었어요'는 'ㅆ'이 연달아 연음되는데 'ㅆ'의 발음을 약하
  게 하는 학습자들이 있으므로 주의를 준다.
03 * '제 것은' '제 것이' 할 때 '것'의 발음이 '껏'으로 발음된다.

④ 언제 문을 열어요?

▶ 학습목표
시간을 익힐 수 있다

▶ 포인트 (문법 · 문형)
① 몇 시입니까?
   * 시간을 묻는 표현으로 이 질문을 받았을 때 대답할 수 있도록 연
     습한다.
   * 시를 표현할 때는 '한 시, 두 시...'처럼 한글숫자를 사용하지만
     분을 표현할 때는 '일 분, 이 분...'처럼 한자숫자를 사용한다
     는 것을 주의한다.
   * 30분은 '반'이라고도 한다.
   * '열다'는 'ㄹ'불규칙으로 '엽니다'의 형태가 된다.

※ 본 교재에서는 불규칙을 따로 문법으로 설명하지 않았으나 본문에
   불규칙에 해당하는 단어가 나올 경우 간단하게 설명하는 것이 좋겠다.

▶ 단어 및 표현
* 오전, 오후처럼 시간을 나타내는 '아침, 점심, 저녁, 밤, 낮'과 같
  은 단어를 설명한다.

▶ 본문
01 * '5시'는 [다섯 씨]로 '시'의 발음이 된소리로 발음된다.
      예) 6시 → [여섯 씨]   7시 → [일곱 씨]
02 * '10분'은 [십뿐]으로 '분'의 발음이 된소리로 발음된다.
      예) 6분 → [육뿐]   20분 → [이십뿐]
    * 발음이 바뀌는 단어들에 주의한다.
      예) 백화점 → [배콰점]   박물관 → [방물관]   은행 → [으냉]
03 * '쉬다'는 학습자들이 어려워하는 발음이므로 주의한다.

⑤ 뭐 드시겠어요?

▶ 학습목표
   다양한 단위 명사를 익힐 수 있다.

▶ 포인트 (문법 · 문형)
   ① 몇 개입니까?
   * 2과에서 단위명사를 다루었지만 5과에서는 더 다양한 단위명사
     를 공부하도록 한다.
   * 특히, 한글숫자로 된 단위명사는 학습자들이 어려워하므로 주
     의한다. 또한, '한 달/일 개월' '다섯 살/오 세' 처럼 한글숫자와
     한자숫자가 같이 쓰이는 경우가 있음을 설명한다.

   ② ~을/를 주세요
   * '맥주 한 병 더 주세요'와 같은 표현은 술집이나 편의점 등에서
     실제로 어떻게 쓰이는지 다양한 예를 들어 설명한다.
     예) 김치 더 주세요.

▶ 단어 및 표현
   * 'g, kg' 처럼 외국에서 들어온 단위명사는 한자 숫자와 같이 쓴다
     는 것을 주의시킨다.
   * 'PC방' 처럼 한국사회의 특징을 나타내는 단어는 한국문화도 같이
     설명해 주면 좋을 것이다.

▶ 본문
   01 * '꽃을' 처럼 연음이 되어 '꼬츨' 로 발음되는 단어는 '꼬츨' 을
        한 단어로 인식하는 경우가 많으므로 주의한다.
      * '몇' 이라는 단어는 뒤에 오는 말에 따라 발음이 달라지므로 주
        의한다.
        예) 몇 켤레 → [멷 켤레]   몇 명 → [면 명]   몇 호선 → [며 토선]

⑥ 날씨가 어때요?

▶ 학습목표
   구어체 종결어미와 다양한 형용사 표현을 익힐 수 있다.

▶ 포인트 (문법 · 문형)
   ① ~이/가 어때요?

＊ 본 교재에서는 '어떻습니까?'의 형태는 다루지 않았지만 '어
떻습니까?'의 구어체 표현이 '어때요?'라는 것을 설명한다.
＊ '어때요?'는 기본형이 '어떻다'로 'ㅎ'불규칙이라는 것을 설
명한다.

② ～아/어/여요
＊ '～아/어/여요'는 '～(스)ㅂ니다'의 구어체로 동사, 형용사 모
두 쓸 수 있으며 모든 종결형으로 쓸 수 있다.

예)

	～(스)ㅂ니다	～아/어/여요
평서형	집에 갑니다.	집에 가요.
의문형	집에 갑니까?	집에 가요?
청유형	우리 집에 갑시다.	우리 집에 가요.
명령형	어서 집에 가십시오.	어서 집에 가요.

＊ 명사는 제 1과에서 배운 '～이에요/예요'이다.
＊ 동사와 형용사 어간에 '～아/어/여요'를 어떻게 연결하는지 연
습한다.

▶ 단어 및 표현
＊ '어떻게 해요?'는 줄여서 '어떡해요?'로도 말할 수 있다.

▶ 본문
01 ＊ '뜨거워서'는 'ㅂ'불규칙임을 설명한다.
03 ＊ '싫고'는 격음화되어 [실코]로 발음된다. (P48, Tip '격음화' 참조)
＊ '어떻게'는 [어뜨케]로 잘못 발음하는 경우가 많으므로 주의한다.

7 지난 주말에 뭐 했어요?

▶ 학습목표
과거형 표현과 앞으로의 계획을 말할 수 있다.

▶ 포인트 (문법 · 문형)
① ～았/었/였습니다 (～았/었/였어요)
＊6과에서 배운 구어체 종결형 '～아/어/여요'와 만드는 방법이
같음을 설명하여 앞으로 '～아/어/여'로 연결되는 문형('～아/
어/여서'나 '～아/어/여도'같은)이 새로 나오더라도 쉽게 만들

수 있도록 한다.
② ~(으)려고 해요
　　＊ '한국어를 공부하려고 책을 샀어요.' 처럼 어떤 목적이나 의도를
　　가지고 구체적인 행위를 했을 때도 쓸 수 있음을 설명한다.

▶ 단어 및 표현
＊나라이름을 학습한다. '중국' '대만' '태국' '영국' '독일' 처럼 한자
　어로 쓰는 나라이름이 있는가 하면 '프랑스' '스위스' '네덜란드'
　등 그 고유의 발음을 인정하여 쓰는 경우가 있다는 것을 설명한다.
＊'동안' 의 개념을 정확하게 설명한다. 동사와 연결하면 '~는 동안'
　이 된다는 것도 같이 설명한다.
＊'주말 잘 보냈어요?' 에서는 주말뿐만 아니라 추석, 설날, 방학, 휴
　가 등과 같은 단어도 쓸 수 있다.

▶ 본문
02 　＊ '뭐 할 거예요?' 에서 '뭐' 의 발음을 잘 못 듣는 학습자가 많으
　　므로 주의한다.

⑧ 화장실이 어디에 있어요?

▶ 학습목표
위치를 익힐 수 있고, 전후 대조문을 말할 수 있다.

▶ 포인트 (문법 · 문형)
① ~이/가 ~에 있다
　＊위치 명사를 연습한다.

② ~지만
　＊동사, 형용사, 명사가 모두 올 수 있으며 시제도 올 수 있다.

▶ 단어 및 표현
＊'커피숍' '레스토랑' '엘리베이터' '코너' 와 같은 외래어에 주의한다.
＊'꽃가게' 는 '꽃집' 과 같은 뜻으로 '~집' 이 '가게' 의 의미로 쓰임
　을 설명한다. 그러나 '술집' 은 '술가게' 라 하지 않는다. 이처럼 항
　상 같이 쓰는 것은 아니다.
＊'지하' 나 '코너' 와 같은 단어를 가르칠 때는 백화점이나 마트의 구
　조나 명칭 등을 같이 가르치면 좋을 것이다. 예를 들면 '지하 1층

식품매장’ ‘화장품 코너’와 같은 표현을 같이 익히면 어휘 확장에
도움이 될 것이다.

▶ 본문
01 * ‘편의점’ 발음에 주의한다. (교사용 지침서 제2과 본문 참조)
04 * ‘실례지만’은 [실레지만]으로 발음한다.

⑨ 이 옷을 바꾸고 싶어요.

▶ 학습목표
자기의 바람을 말할 수 있다.

▶ 포인트 (문법 · 문형)
① ~고 싶다
  * 주어가 3인칭일 때는 ‘~고 싶다’가 아니라 ‘~고 싶어하다’가 된
    다는 것에 주의한다. 원래 ‘~고 싶다’에 ‘~아/어/여하다’가 연
    결된 형태이나 본 교재에서는 문법으로 다루지 않았으므로 필요
    에 따라 학생들한테 설명하도록 한다. 14과의 본문 02의 4) ‘과
    장님은 몇 년 전부터 결혼하고 싶어했어요.’라는 표현이 나온다.
  * ‘~고 싶다’를 활용하는 연습도 한다.
    예) 해외여행을 가고 싶지만 시간이 없어요.
       저는 선생님이 되고 싶었어요.

② 전에 / ~기 전에
  * ‘내일 10시 (이)전에 오십시오.’처럼 ‘~(이)전에’의 의미로도
    쓰임을 설명한다.

▶ 단어 및 표현
  * ‘가져오다’는 사람한테는 쓰지 않으며 ‘가지고 오다’와 의미가 같
    다. 친구나 동생, 아이와 같은 아랫사람에게는 ‘데리고 오다(데려
    오다)’를, 선생님이나 사장님, 손님과 같이 존대를 해야 하는 대
    상에게는 ‘모시고 오다 (모셔오다)’를 쓴다.

▶ 본문
03 * ‘맛있었어요’와 ‘마셨어요’는 발음이 비슷해서 자주 혼동하는
     단어이므로 주의한다.
   * ‘먹을게요’와 같이 ‘~(으)ㄹ게요’는 경음화되어 [~(으)ㄹ께요]
     로 발음된다. (P72, Tip ‘경음화2’ 참조)

⑩ **예약하셨습니까?**

▶ 학습목표
사실을 확인할 수 있다.

▶ 포인트 (문법 · 문형)
① ~지요?
 * 동의를 구하거나 상대방이 당연히 알고 있을 거라고 생각하는
   것에 대해 질문할 때 사용한다. 본 교재에서는 이 두 경우를 다
   다루었다.
 * 축약해서 '죠?'로도 발음한다는 것을 설명한다.

▶ 단어 및 표현
 * '예약'과 '예매'의 차이를 설명한다. 식당이나 호텔 같은 '장소'
   인 경우에는 '예약'을, 영화표나 콘서트 표 같은 '표'를 구입하
   는 경우에는 '예매'를 쓴다. '인터넷 예매'라고 흔히 말한다.
   단, 비행기의 경우에는 '자리'와 '표' 두 가지의 의미가 있으므
   로 예약과 예매를 다 쓸 수 있다.
 * '성함이 어떻게 되십니까?'는 성함뿐만 아니라 '주소, 나이(연세),
   전화번호' 등과 같이 쓰인다는 것을 설명한다.

▶ 본문
01　* '마셨어요'와 '맛있어요'는 발음상 서로 혼동하기 쉬운 단어이
　　　 므로 주의한다.
03　* '결혼식'처럼 'ㅎ'이 모음이나 'ㄴ, ㄹ, ㅁ' 뒤에 오면 약하게
　　　 발음하거나 아예 발음을 하지 않는다. [겨론식]으로 발음되기 때
　　　 문에 학습자들이 잘 못 들으므로 주의한다. (P26, Tip 'ㅎ' 참조)

⑪ **선약이 있어서 안 돼요.**

▶ 학습목표
이동의 목적을 말할 수 있고, 시간 및 동작의 전 · 후를 말할 수 있다.

▶ 포인트 (문법 · 문형)
① ~(으)러
 * '~(으)러'는 '가다/오다'와 같은 이동 동사의 목적만을 말할 수
   있다는 것을 설명한다.

* ‘책을 읽으러 도서관에 가요’는 ‘도서관에 책을 읽으러 가요’ 처럼 ‘도서관에’라는 말의 위치가 자유로움을 설명한다.

② ~ 후에 / ~(으)ㄴ 후에

* ‘~기 전에’와 비교해서 가르친다. ‘먹기 후에’, ‘먹은 전에’ 같은 오류를 범할 수 있다.

③ ~아/어/여서 (이유)

* ‘어제 술을 많이 마셨어요. 그래서 머리가 아파요.’ 라는 문장에서 앞 문장의 시제는 과거지만 ‘마셨어서’가 아니라 ‘마셔서’가 되는데 이처럼 시제가 올 수 없다는 것에 주의한다.

* 명사일 때는 ‘~(이)라서’로도 쓸 수 있음을 설명한다.
예) 저는 학생이라서 돈이 많지 않아요.

▶ 단어 및 표현

* ‘식료품’이나 ‘어떻게’처럼 발음이 어려운 것은 [싱뇨품] [어떠케] 라고 칠판에 써서 설명한다.

* ‘이따가’와 ‘나중에’의 차이를 설명한다.

* 사람인 경우에는 ‘~한테(에게)’를 장소인 경우에는 ‘~에’를 사용한다.

* ‘어떻게 오셨습니까?’는 교통수단을 묻는 것과 여기에 온 목적을 묻는 두 가지 표현이 있음을 설명한다.

▶ 본문

01 * ‘빌리러’처럼 ‘ㄹ’이 연달아 오면 학습자들이 어려워하므로 주의한다.

02 * ‘만듭시다’는 ‘ㄹ’ 불규칙임을 상기시킨다.

⑫ 졸업하면 어떻게 할 거예요?

▶ 학습목표
가정문을 말하는 방법과 미래형을 익힌다.

▶ 포인트 (문법 · 문형)

① ~(으)면

* ‘가정’이나 ‘조건’을 나타낼 때 쓰는 표현이다.
‘봄이 오면 꽃이 피어요.’ ‘저는 아침에 일어나면 커피를 마셔

요’처럼 봄이 오거나 아침에 일어나는 ‘조건’에서는 뒤의 일이
일어나므로 현재형으로 이야기한다는 것을 설명한다.
그리고 ‘돈이 많으면 여행을 하겠어요.’나 ‘고향에 가면 친구
들을 만나고 싶어요.’처럼 돈이 많다는 것을 가정하거나 고향
에 간다고 가정하면 뒤의 일을 ‘하겠다’ 또는 ‘하고 싶다’고
표현한다.

② ~(으)ㄹ 거예요
　＊ ‘~(으)ㄹ 거예요’는 말하는 사람의 의지와 추측, 예정을 나타
　　내는데 여기에서는 ‘의지’만 다루었다. 부정은 ‘~지 않을 거예
　　요’이다.
　＊ 학습자들이 ‘~겠어요’하고 많이 혼동하는데 ‘~겠’은 ‘전화하
　　세요’라는 말에 ‘네, 전화하겠어요.’처럼 약속할 때 쓰이는데
　　‘내일 거기에 갈 거예요? 안 갈 거예요?’하고 의사를 물으면 ‘갈
　　거예요’나 ‘안 갈 거예요.’로 대답한다.

▶ 단어 및 표현
　＊ ‘이번’은 ‘지난’ ‘다음’과 같이 설명한다.
　＊ ‘휴가’와 ‘방학’과 ‘휴일’의 차이를 설명한다.
　＊ ‘아직’이라는 부사는 ‘아직 민주 씨가 안 왔어요.’처럼 부정형일
　　때는 과거형으로 쓴다는 것을 주의한다.

▶ 본문
　02　＊ ‘일할 거예요’에서 ‘ㅎ’의 발음에 주의한다. (교사용 지침서
　　　　10과 본문이나 P26, Tip ‘ㅎ’ 참조)
　03　＊ ‘배우려고요’ ‘민주 씨는요?’처럼 문장 중간에 ‘~요’를 붙여
　　　　문장을 끝낼 수 있음을 설명한다.

⑬ 시원한 걸로 주세요.

▶ 학습목표
자기의 바람을 말할 수 있다.

▶ 포인트 (문법·문형)
　① ~한테(에게) ~을/를 주다
　　＊ 윗사람에게는 ‘~께 ~을/를 드리다’를 쓴다.

예) 어머니께 선물을 드렸어요.
* 장소일 때는 '~에'를 사용한다.
예) 부산에 편지를 보냈어요.

② ~한테서(에게서) ~을/를 받다
* '선생님한테서 책을 받았어요.'는 '선생님께서 책을 주셨어요.' 하고 같은 의미이다.
* 장소일 때는 '~에서'를 사용한다.
예) 부산에서 전화가 왔어요.

③ ~(으)ㄴ/는/(으)ㄹ
* 형용사는 '달다, 길다' 같은 'ㄹ' 불규칙은 '단, 긴'이 되며 '쉽다, 춥다' 같은 'ㅂ' 불규칙은 '쉬운, 추운'이 된다는 것을 설명한다.
* 동사 현재형에서는 '살다, 만들다' 같은 'ㄹ' 불규칙동사는 '사는, 만드는'이 된다
* 동사 과거형에서는 '만들다, 팔다' 같은 'ㄹ' 불규칙동사는 '만든, 판'이 된다.
* 동사 미래형에서는 '살다, 만들다' 같은 'ㄹ' 불규칙동사는 '살을, 만들을'이 아니라 '살, 만들'이 된다.

▶ 단어 및 표현
* '초콜릿' '케이크'와 같은 외래어 표기에 주의한다. '초콜렛'이나 '케익'과 같이 많이 쓰이나 이는 표준어로 인정되지 않는다.
* '필요하다'의 반대말은 '필요하지 않다'이며 '~(으)ㄹ 필요가 있다/없다'와 구별하여 설명한다.
* '따뜻하다'와 같이 발음이 어려운 단어는 칠판에 써 준다.
* '단독주택'은 '아파트'나 '빌라' '오피스텔' 등과 구별하여 설명한다.

▶ 본문
01 * '줬어요'는 '주었어요'의 축약 형태인데 학습자들이 어려워하는 발음이므로 주의한다.
02 * '카페라떼' '주스' '와인' 등과 같은 외래어에 주의한다.
03 * '두통약'은 [두통냑]으로 발음된다. (P110, Tip 'ㄴ' 첨가 참조)

⑭ 배로 보내면 얼마나 걸릴까요?

▶ 학습목표
추측의 표현을 익힌다.

▶ 포인트 (문법·문형)
① ~(으)ㄹ까요?
   * '~(으)ㄹ까요?'는 추측과 '우리 같이 할까요?'와 '제가 ~ 을/
     를 할까요?'의 3가지가 있는데 여기서는 추측만을 다루었다.
     '수미 씨가 오늘 올까요?'라는 질문을 받았을 때 수미 씨가 올
     지안 올지 어떤 정보가 있다면 '올 거예요'나 '안 올 거예요'로
     대답하고 잘 모른다면 '아마 올 것 같아요'나 '아마 오지 않을
     것 같아요'로 대답한다.
   * '(우리 같이) 식사하러 갈까요?'라는 질문에 '네, 갑시다(가요)'
     나 '아니요, 가지 맙시다(가지 마요)로 대답한다.
   * '(제가) 언제 전화할까요?' 하고 질문하면 '내일 오후에 전화하세
     요'나 '오늘 오후에 만나니까 전화하지 마세요'로 대답한다.

② ~(으)ㄹ 거예요.
   * 추측의 '~(으)ㄹ 거예요'를 설명한다.
   * 과거를 추측하거나 어떤 일이 벌써 끝났을 것이라고 추측할 때
     는 '~았/었/였을 거예요'가 된다는 것을 설명한다.

▶ 단어 및 표현
   * '코트' '가죽재킷'과 같은 외래어에 주의한다.
   * '~고 싶어하다'는 원래 '~고 싶다'에 '~아/어/여하다'가 연결된
     형태로 3인칭이 주어일 때는 반드시 '~고 싶어하다'를 쓴다는 것
     에 주의한다. (교사용 지침서 제9과 포인트 ①번 참조)

▶ 본문
02 * '50~60만 원'은 [오륙심마눤]이라고 읽는다.

⑮ 머리를 어떻게 해 드릴까요?

▶ 학습목표
정중하게 도움을 요청하거나 제의하는 표현을 익힌다.

▶ 포인트 (문법 · 문형)
① ~아/어/여 드릴까요?
  * '~아/어/여 줄까요?'의 존경표현. '가르치다, 기다리다' 처럼 'ㅣ'
    로 끝나면 '어'가 붙어서 '가르쳐' '기다려'가 되므로 주의한다.
  * '돕다'나 '줍다' 같은 'ㅂ' 불규칙 동사는 '도와' '주워'가 된다.
  * '쓰다'는 'ㅡ' 불규칙이므로 '써'가 된다.

② ~아/어/여 주세요
  * '돕다'는 'ㅂ' 불규칙이므로 '도와 주세요'가 된다. 내가 도움이
    필요할 때는 그렇게 말하지만 다른 사람을 도와 주라고 말할 때
    는 '도와 드리세요'가 된다.
  * 그 행위를 해서 나한테 이익이 있을 때만 '~아/어/여 주세요'라고
    말한다. 예를 들면 '서울 병원이 어디예요?' 하고 누군가가 물었을
    때 우리는 '길을 건너서 오른쪽으로 가세요'라고 하는데 일본말
    은 '길을 건너서 오른쪽으로 가 주세요'라고 하기 때문에 일본어권
    학생들은 틀리기 쉬우므로 주의를 준다.

▶ 단어 및 표현
  * 한국의 어버이날에 대해 설명할 때는 한국의 문화를 설명하도록
    한다.
  * '일이 생기다'에서 '생기다'의 개념을 설명한 뒤 남자친구, 아기,
    집, 돈, 시간 등과 같이 어울려 쓸 수 있음을 가르친다.

▶ 본문
03 * '몰라요'나 '잘라서' 처럼 받침 'ㄹ' 뒤에 'ㄹ'이 연이어 오는
     발음은 어려우므로 연습한다.
     예) '빨리' '달라요' '빨라요'
   * '자르다'는 '르' 불규칙임을 설명한다.
   * '~(으)러' 발음도 어려우므로 주의한다. 특히 '자르러' 처럼 'ㄹ'이
     연달아 오는 경우는 학생들이 잘 못하므로 연습한다.
   * '좋겠네요'는 'ㅎ'과 'ㄱ'이 만나 격음화되어 [조켄네요]로
     발음되는데 [조겐네요]처럼 발음하는 학생들이 많으므로 주의
     한다. (P48, Tip '격음화' 참조)

⑯ 나중에 다시 전화하겠습니다.

▶ 학습목표
'는데'를 이용하여 설명하는 표현을 익힐 수 있다.

▶ 포인트 (문법 · 문형)
① ~(으)ㄴ/는데
　* '~(으)ㄴ/는데'의 기본적인 기능은 '설명'이다. '~지만'이나
　'(으)니까'와 연결해서 설명하는 경우가 있는데, 이 경우 학생
　들이 '~아/어서'로 말해야 하는 경우에도 '~(으)ㄴ/는데'를
　사용하는 오류를 범한다. 보통, 다음의 예문과 같은 경우에 쓰
　인다.
　예) 어제 영화를 봤는데 아주 재미있었어요./ 별로 재미없었어요.
　중국 음식을 만들었는데 맛이 괜찮았어요. / 아주 맛없었어요.
　비가 오는데 택시를 탈까요? / 날씨가 추운데 따뜻한 음식
　을 먹는 것이 어때요? ⇨ '~(으)니까'와 혼동
　옷이 예쁜데 비싸서 안 샀어요. ⇨ '~지만'과 혼동

▶ 단어 및 표현
　* '유학을 가다'에서 조사 '을'이 쓰인다는 것에 주의한다. '출장을
　가다' '여행을 가다' '소풍을 가다' 등과 같은 예도 같이 든다.
　* '여행, 운전, 공사, 수업, 회의' 등과 같은 한자어로 된 명사에
　'~ 중'을 붙여 동작의 진행을 나타낼 수 있다.
　* '피자'와 '비자'의 발음을 구별하지 못하는 학습자가 많으므로
　주의한다.
　* '갖다 주다'는 학습자에게 어려우므로 잘 설명한다.

▶ 본문
　01 * '이다'와 '있다'를 혼동하는 경우가 많으므로 연결할 때 주의
　한다.
　　* 시제에 따른 '~(으)ㄴ/는데'의 형태 변화에 주의한다.
　02 * '308호실'은 'ㅎ'의 발음이 약화돼 [삼백파로실]로 발음된다.
　　* '안 왔어요'는 연음되어 [아놔써요]로 발음된다.
　03 * 도착하다 [도차카다]

⑰ 어디에서 달러를 바꿀 수 있어요?

▶ 학습목표

가능 여부를 표현할 수 있다.

▶ 포인트 (문법 · 문형)

① ~(으)ㄹ 수 있다(없다)

  * '~(으)ㄹ 수 있다'의 발음이 [~(으)ㄹ 쑤읻따]가 된다.
  * 과거형은 ~(으)ㄹ 수 있었다(없었다)가 된다.

② ~지 못하다 / 못 ~

  * '못~' 형태는 '~(으)ㄹ 수 없다'보다 구어체에서 많이 쓰인다.
  * '~(으)ㄹ 수 없다'와 '~지 못하다'를 결합해 '~(으)ㄹ 수 못
  하다'라고 하는 경우가 많으므로 주의한다.
  * '못~' 형태로 말할 경우 발음이 변한다.
   예) 못 먹어요 → [몬머거요] 못 읽어요 → [몬닐거요]
     못 해요 → [모태요]   못 입어요 → [몬니버요]

▶ 단어 및 표현

*~을/를 끝내다 [끈내다] : 선생님 ⇒ 오늘 수업을 조금 일찍 끝낼까요?
  ~이/가 끝나다 [끈나다] : 학생 ⇒ 수업이 끝났는데 식사하러 가요.
* '가져오다'는 '가지다'와 '오다'가 결합된 형태로 '가지고 오다'
  와 같다. (교사용 지침서 제9과 단어 및 표현 참조)
  '가지다'의 축약형인 '갖다'는 자음과 결합하지만 모음과 결합하지
  않는다. 즉, '갖고 오다'는 괜찮지만 '갖어 오다'는 틀린 말이다.
* '찍다'는 여러 가지 의미로 사용된다.
  예) 사진를 찍다/ 비디오를 찍다/ 도장을 찍다/ 만두를 간장에 찍어서
    먹다
* '돕다'는 'ㅂ' 불규칙이지만 '-아'를 만날 경우 '워'로 바뀌지 않
  고 '와'로 바뀐다. (도와주다)
* '찾다'는 의미가 여러 가지이므로 구분하여 설명한다.
  예) 잃어버린 물건을 찾았어요.
    은행에 가서 돈을 찾아 왔어요.
    지도가 없으면 길을 찾기가 어려워요.
* 넣다 : ~에 ~을/를 넣다

＊‘누르다’와 ‘밀다’를 구분한다. ‘누르다’는 위에서 아래 방향이
며, ‘밀다’는 뒤에서 앞 방향이다. 그렇지만 기계에 달린 동작버튼
의 경우는 대부분 ‘누르다’를 쓴다.

▶ 본문
01 ＊‘못 열어요’는 [몬녀러요]로 발음된다.
  ＊‘~(으)ㄹ 것 같아요’는 [을 꺼 까타요]로 발음하는데 ‘것’의
  ‘ㅅ’을 생략해서[을 꺼 가타요]로 발음하는 경우도 많다.
  ＊‘못 끝낼 것 같은데요’는 [몬 끈낼 껟 가튼데요]로 발음된다.
02 ＊빈도수의 기준이 되는 것에는 조사 ‘에’를 쓴다.
  예) 한 달에 한 번 영화를 봐요.
      커피숍에서 아르바이트를 하면 한 시간에 3000원 줍니다.
      요즘 한국 돈을 달러로 바꿀 때 1달러에 900원쯤 해요.
  ＊물건이 가진 가치나 양 등을 말할 때 ‘짜리’를 쓴다.
  예) 만 원짜리 지폐   500ml짜리 우유
      2000cc짜리 피처 맥주   5층짜리 건물
04 ＊여권 [여꿘]   백만 원 [뱅마눤]   십만 원 [심마눤]

⑱ 저 까만색 구두를 보여 주세요.

▶ 학습목표
시도의 표현을 익힐 수 있다.

▶ 포인트 (문법·문형)
① ~아/어/여 보다
  ＊일반적으로 생각해서 시도하지 않는 것에 이 표현을 쓰면 어색할
  때가 있다.
  예) 결혼해 보다, 수술해 보다

▶ 단어 및 표현
＊‘연락’은 [열락]으로 [연락하다]는 [열라카다]로 발음한다.
＊‘알레르기’가 표준어이고 ‘알러지’는 많이 쓰이나 표준어는 아니다.
＊‘바르다’는 ‘르’ 불규칙임을 설명한다.
＊‘연세’와 같이 명사 중에도 존경어를 가지고 있는 단어들이 있다.
  예) 집 → 댁   이름→ 성함   말→ 말씀   생일→ 생신

▶ 본문

01 ＊‘어제’와 ‘언제’는 혼동하기 쉬운 발음이므로 주의한다.

02 ＊‘끈 있는’과 같이 단어와 단어 사이에서도 빨리 발음하면 [끄닌는]처럼 연음이 될 수 있다는 것에 주의한다.

＊‘사이즈’는 보통 [싸이즈]로 발음하는데 이렇게 외래어 중에서 평음으로 표기하지만 된소리로 발음하는 경우가 있다.

예) 사인 → [싸인]　　　 버스 → [뻐스]

⑲ 지하철보다 KTX가 더 빨라요.

▶ 학습목표

비교의 표현을 익힐 수 있다.

▶ 포인트 (문법·문형)

① ~중에서 제일

＊여러 사물이나 사람 등의 범주 안에서 하나를 말할 때는 ‘~중에서’를, 어떤 하나의 범주 안에서를 말할 때는 ‘~에서’를 쓴다.

예) 과일 중에서, 가족 중에서, 한국 음식 중에서...

우리 반에서, 우리 회사에서, 서울에서, 세계에서...

② ~보다

＊‘지하철이 버스보다 빨라요’와 ‘버스보다 지하철이 빨라요’처럼 어순이 바뀔 수 있다.

▶ 단어 및 표현

＊~짜리 : 17과 본문 02 참조.

＊어떤 일을 할 때 필요한 시간에 대해서는 ‘걸리다’를 쓰고, 비용에 대해서는 ‘들다’를 쓴다. 일본어의 경우 둘 다 같은 단어를 쓰므로 일본어 화자들이 혼동하는 경우가 많다.

예) 머리를 자르는 데 2만 원 들어요.

집에서 학원까지 한 시간 걸려요.

▶ 본문

01 ＊‘~지요?’는 [~죠]로 발음할 수 있다.

＊‘많은’은 받침 ‘ㅎ’이 탈락되고 ‘ㄴ’이 연음되어 [마는]이 된다.

02 ＊사이즈를 묻는 표현은 다양하다
     발이 몇이에요? / 발 사이즈가 몇이에요? / 사이즈가 얼마예요?

⑳ 제주도에 간 적이 있어요?

▶ 학습목표
   이유의 '(으)니까'와 경험여부의 표현을 익힐 수 있다.

▶ 포인트 (문법 · 문형)
   ① ~(으)니까
      ＊'~아/어/여서'와 '~(으)니까'를 구별한다.
      ＊이유 구문에서 '~아/어서'나 '~기 때문에'는 종결어미가 서
        술형이며, '~(으)니까'는 명령형이나 청유형 종결어미도 쓸
        수 있다.

   ② ~(으)ㄴ 적이 있다(없다)
      ＊어떤 일에 대한 경험 유무를 말할 때 쓰인다.
      ＊'~아/어/여 보다'와 결합되어 '~아/어/여 본 적이 있다'의
        형태로 쓰이기도 한다.
      ＊'적' 대신에 '일'로 바꿔도 의미상 큰 차이는 없다.

▶ 단어 및 표현
   ＊도로에 차량이 많아서 '길이 막히다'라는 표현을 쓸 경우, '차가
     막히다'나 '교통이 복잡하다' 등과 바꿔 쓸 수 있다.
   ＊'다'는 셀 수 있는 명사와 셀 수 없는 명사 두 경우 모두 쓰이며,
     '모두'는 셀 수 있는 명사에만 쓰인다.
   ＊음식의 경우 '주문하다'의 의미로 '시키다'가 쓰일 수 있지만,
     다른 상품의 경우에는 '주문하다'가 더 적합하다.
   ＊'한 ~'는 숫자 앞에서 대략의 수치를 나타낸다. 숫자 뒤에 '쯤'
     을 붙여 쓰는 것과 같으며, 숫자 앞뒤에 '한'과 '쯤'을 같이 쓰기
     도 한다.
   ＊정해져 있다 : '정해지다'는 '정하다'의 수동형이며, 여기에 −아/
     어 있다'가 결합한 형태다.

▶ 본문
   01 ＊막히다 [마키다]

＊배가 '부르다'는 '르' 불규칙이다. '~아/어/여요'가 결합할
  경우 '불러요'가 된다.
＊'아뇨'는 '아니오'의 축약형이다.
＊'세트'의 발음은 [세트]이지만, 실제 발화에서는 [쎄트]로 발
  음하는경우가 많다.
02 ＊김치를 '담그다'는 '_' 불규칙이다. '아/어/여요'가 결합할
  경우 '담가요'가 된다.
03 ＊'열죠'는 '열지요'의 축약형이다.

21 이 보관함을 사용해도 돼요?

▶ 학습목표
  허가를 구할 때 쓰는 표현과 금지의 표현을 익힌다.

▶ 포인트 (문법 · 문형)
  ① ~아/어/여도 되다
    ＊ 허락을 구할 때 '~아/어/여도 돼요?'나 '~아/어/여도 괜찮아
      요?'를 쓰는데 부드럽게 '~아/어/여도 될까요?'를 쓸 수도 있다.

  ② ~(으)면 안 되다
    ＊금지를 표현할 때 '~지 마세요'를 쓰는 경우가 있는데 '~(으)
      면 안 됩니다'로 말하면 더 강하게 금지하는 느낌이 든다.

▶ 단어 및 표현
  ＊'볼일'의 발음은 [볼릴]이므로 '볼릴'에 '이'가 와서 [볼리리]로
    발음된다.
  ＊'주차권'은 [주차꿘]으로 발음된다.
  ＊'가져오다'는 '가지고 오다'나 '갖고 오다'로 말하기도 한다.
    '가져가다'도 '가지고 가다', '갖고 가다'로 말한다.
  ＊'지폐'는 [지폐]로 발음한다.
    한국에 얼마짜리 지폐와 동전이 있는지 이야기해 보게 한다.

▶ 본문
  01 ＊'사진을 찍어도 돼요?'는 [찍거도]로 발음하고 '사진을 찍으
      면 안 됩니다.'는 [찌그면]으로 발음된다.
    ＊'맥주도 안 됩니까?'는 [맥쭈도]로 강하게 발음된다. (P60, Tip

‘경음화1’ 참조)
       * ‘신분증’은 [신분쯩]으로 발음한다.
   02 * ‘자리가 있는데요’는 [인는데요]로 발음한다.
       * ‘괜찮지요?’는 [괜찬치요]로 ‘괜찮아요’는 [괜차나요]로 발음된다.
   03 * ‘있네요’는 [인네요]로 발음된다.
       * ‘1000원인데’는 ‘천원’에 ‘인데’가 붙어서 [처눠닌데]로 발음된다.

22 다른 학생이 빌려 가서 아직 안 가져왔는데요.

▶ 학습목표
연결동작을 표현하는 방법을 익힌다.

▶ 포인트 (문법 · 문형)
① ~아/어/여서
* 이유의 아/어/여서와 혼동하지 않도록 하고 ‘~고’와 ‘~아/어/여서’를 구별해 준다.
‘식당에 가요. 거기에서 밥을 먹어요.’를 한 문장으로 만들면 ‘식당에 가서 밥을 먹어요’로 말한다고 설명한다. ‘친구를 만나서 영화를 보고 식사했어요.’는 ‘친구를 만났어요. 친구하고 같이 영화를 봤어요. 그리고 친구하고 식사했어요.’이다. ‘오전에는 공부하고 오후에는 친구를 만났어요.’ 이 문장은 공부를 끝내고 친구를 만났음을 의미한다.

▶ 단어 및 표현
* ‘모으다’는 ‘_’불규칙이다. ‘모으 + 아서’는 ‘모아서’가 되므로 주의한다.
* ‘피곤하다’는 ‘ㅎ’의 발음이 약하므로 [피고나다]로 ‘피곤해요’는 [피고내요]로 발음된다. (P26, Tip ‘ㅎ’ 참조)
* ‘그렇게 합시다’는 ‘ㅎ’이 ‘ㄱ’을 만나면 [ㅋ]으로 발음되어 [그러케 합씨다]로 발음된다. (P48, Tip ‘격음화’ 참조)

▶ 본문
01 * ‘좋아요’는 ‘조아요’로 발음한다.
   * ‘~기 시작했어요’는 ‘ㄱ’ 뒤에 ‘ㅎ’이 와서 ‘ㅋ’이 되므로 [시자캐써요]로 발음된다. (P48, Tip ‘격음화’ 참조)

02 * '금연'이나 '흡연' 같은 표현은 단어 및 표현에서 다루지 않았
   는데 최근에는 사무실이나 건물 안에서 담배를 피우지 못하게
   돼 있음을 설명한다.
03 * '반납하면'은 [반나파면]으로 발음된다.

23 핸드폰이 고장 났어요.

▶ 학습목표
추측의 표현과 기간을 표현할 수 있다.

▶ 포인트 (문법 · 문형)
① ~(으)ㄴ/는/(으)ㄹ 것 같다
  * 명사형에는 '인 것 같다', 형용사형과 동사 과거형에는 '~(은)ㄴ
    것 같다'를 쓰고 동사 현재형에 '~는 것 같다'를, 미래형에
    '~(으)ㄹ 것 같다'를 쓴다.
  * 추측을 나타내는 표현 중에 '(으)ㄹ 것 같다'와 비슷한 것이
    '~(으)ㄹ 거예요'가 있는데 "사장님이 언제쯤 돌아오실까요?"
    라는 질문에 대답하는 사람이 어떤 정보를 갖고 있다면 "ㅇㅇ
    쯤 오실 거예요"라고 대답을 하겠지만 단순히 자신의 느낌이나
    추측으로 대답할 경우에는 "ㅇㅇ쯤 오실 것 같아요"라고 대답할
    것이다.
  * '~(으)ㄴ/는 것 같다'는 추측의 표현 이외에도 자기의 생각을
    표현할 때도 사용되므로 구별해 준다.
    예) 지금 입은 옷보다 아까 입어본 옷이 더 예쁜 것 같아요.

② ~(으)ㄴ 지가 ~ 되었다
  * 과거시제를 나타내는 '(으)ㄴ'에 '지'가 붙어서 어떤 행위가
    행해진 때부터 지금까지의 기간을 나타낸다.
  * '10년 전에 이 집으로 이사 왔어요.'를 '이 집으로 이사 온 지
    10년 됐어요.'로 표현할 수 있다.

▶ 단어 및 표현
  * '여보', '당신' 등은 부부 사이에 부르는 호칭이다. 서양권 학생들
    이 잘 모르고 'you'의 느낌으로 '당신'을 잘못 쓰곤 하는데 한국
    에서는 2인칭을 그렇게 쓰지 않는다는 걸 설명한다.
  * '일단'은 [일딴]으로 발음된다.

▶ 본문
01 * 'TV에서 나는 소리예요.' '소리가 나다'를 설명한다. '핸드폰이
   고장 나다' 등 '나다'로 표현하는 것들을 설명한다. 그 외에도
   '지진, 홍수가 나다' '제주도에서 귤이 나다' 등이 있다.
02 * '얼마나 됐는데요?', '두 시간쯤 된 것 같아요' 등 '시간이 되
   다'로 표현하는 것을 설명한다.

24 적립카드를 만드세요.

▶ 학습목표
어떤 일의 시점을 말할 수 있다.

▶ 포인트 (문법 · 문형)
① ~(으)ㄹ 때
   * '~(으)ㄹ 때'와 '~았/었/였을 때'를 구별해 준다.
   예) 한국에 올 때 어떻게 왔어요?
       저는 공부할 때 음악을 들어요.
       어제 전화했을 때 뭐 했어요?
       일이 끝났을 때 친구가 왔어요.

▶ 단어 및 표현
* '리무진', '퍼센트', '헬스클럽', '조깅' 같은 외래어에 주의한다.
* '퍼센트'는 일상적으로 '프로'라고 쓰인다.
* '적립'은 [정닙]으로 발음된다. '적립금'은 [정닙끔], '적립금액'
  은 [정닙그맥]으로 발음한다. 식당이나 가게에서 물건을 사면 일정
  포인트가 적립되는 것을 설명한다.

▶ 본문
02 * '피곤하면 뜨거운 물로 목욕하고 일찍 자요.' 이 문장에서 '뜨
   겁다'는 'ㅂ'불규칙이므로 '뜨거운'이 된다. 그리고 '목욕하
   고'는 'ㄱ'이 'ㅎ'을 만나서 'ㅋ'이 되므로 [모교카고]가 된다.
   (P48, Tip '격음화' 참조)
03 * '맛있게 드셨어요?'에서 '맛있게'는 [마시께]나 [마디께]로 발
   음할 수 있다. (맛있다는 [마딛따], [마싣따] 둘 다 발음한다.)

㉕ 리무진 버스는 1층에서 타야 해요.

▶학습목표
의도와 당위성을 표현하는 것을 익힌다.

▶포인트 (문법 · 문형)
① ~아/어/여야 하다
  * 가 : 한국말을 잘하고 싶어요. 어떻게 하면 잘할 수 있어요?
    나 : 한국말을 잘하고 싶으면(잘하려면) 한국 친구하고 이야기
        를 많이 해야 해요.

    '가다', '오다', '사다', '타다' 등 모음이 'ㅏ', 'ㅗ'인 경우에는
    '아야 해요'를 '하다' 동사에는 '여야 해요'를 붙이는데 '해야 해
    요'로 축약되고 그 외의 동사는 '어야 해요'가 된다. '아/어/여야
    돼요'로 쓰기도 한다.
  * '잘 하고 싶으려면'이라고 말하지 않도록 주의한다.
② ~(으)려면
  * 의도의 '~(으)려고 하다'에 조건이나 가정에 쓰는 '~(으)면'
    이 붙은 표현이다.

▶ 단어 및 표현
  * '집들이'는 한국의 문화와 관계가 있는 표현이므로 결혼하거나
    이사를 하면 하는 것임을 설명한다.
  * '급하다'는 'ㅂ'과 'ㅎ'이 만나 격음화되어 [그파다]로 '급한 회
    의'는 [그판 회이]로 발음된다. (P48, Tip '격음화' 참조)
  * '콘서트'나 '티켓' 같은 외래어에 주의한다.

▶ 본문
  01 * '콘서트 티켓이'는 [콘써트 티케시]로 발음된다. 외래어에 조
      사가 붙은 경우에 연음이 되므로 주의한다.
  02 * '행선지'는 '가는 곳'이라는 의미이다.
  03 * '신용카드' '신분증' '도장' '서명' 등 은행에서 쓰이는 표현들
      을 설명한다.
    * '서명'은 일반적으로 '사인'으로 많이 쓰이며 '신분증'은 '주
      민등록증'이나 '외국인등록증' '여권' 등이 해당된다. 이 때
      '증'은 [쯩]으로 발음된다.
    * '작성하다'는 '서류 등을 만들다'의 의미이다.

날씨가 어때요?

▶ ~이 / 가 어때요?

지금 날씨가 어때요?
오늘 기분이 어때요?

▶ ~이 / 가 ~아 / 어 / 여요

가방이 커요.
날씨가 더워요.
비빔밥이 맛있어요.

단어 및 표현

흐리다	도로	자동차	차
색깔			
※먹기가 힘들다	마음에 들다	어떻게 해요?	

01 녹음을 듣고 맞는 그림을 고르십시오. 1-06, 00:17

1) (　　　)

① ②

2) (　　　)

① ②

3) (　　　)

① ②

4) (　　　)

① ②

5) (　　　)

① $1 + 3 = 4$ ② 

02 녹음을 듣고 맞는 그림을 고르십시오. 1-06, 01:22

1) (　　　)　① 　② 

2) (　　　)　① 　② 

3) (　　　)　① 　② 

4) (　　　)　① 　② 

5) (　　　)　① 　② 

6) (　　　)　① 　② 

03 다음 대화를 듣고 맞으면 O, 틀리면 X를 하십시오. 🎧 1-06, 02:09

1) 까만색 가방은 아주 작아요. ……………………………………………… (   )

2) 노란색 가방은 너무 비싸요. ……………………………………………… (   )

3) 빨간색 가방은 아주 예뻐요. ……………………………………………… (   )

4) 수미 씨는 노란색 가방을 제일 좋아해요. ……………………………… (   )

지난 주말에 뭐했어요?

POINT

▶ ~앗 / 었 / 였습니다(~앗 / 었 / 였어요)

어제 학교에 갔습니다.
지난주에 영화관에서 영화를 봤습니다.

▶ ~(으)려고 해요

주말에 한국 음식을 먹으려고 해요.
내일은 한국 음식을 만들려고 해요.
오늘 오후에 친구하고 테니스를 치려고 해요.

단어 및 표현

지난 ~	등산	어느	여행하다
프랑스	햄버거	스키	녹차
중국	~ 편	메가박스	휴가
~ 부터	~ 주	~ 동안	고향
※주말 잘 보냈어요?			

01 녹음을 듣고 맞는 그림을 고르십시오.  1-07, 00:17

1) (　　) ①  ②  

2) (　　) ①  ② 

3) (　　) ①  ② 

4) (　　) ①  ② 

5) (　　) ①  ② 

02 다음 대화를 듣고 번호와 그림을 알맞게 연결하십시오. 🎧 1-07, 01:22

1) •

2) •

3) •

4) •

5) •

❶

❷

❸

❹

❺

03 다음 대화를 듣고 답을 쓰십시오. 🎧 1-07, 02:30

1) ➡

2) ➡

3) ➡

04 다음 대화를 듣고 맞으면 O, 틀리면 X를 하십시오. 🎧 1-07, 03:36

1) 이 남자는 내일부터 2주일 동안 휴가예요. ………………………… (   )

2) 이 남자는 휴가 동안 가족하고 같이 여행을 가려고 해요. ……… (   )

3) 이 남자는 고향에서 가족하고 친구를 만나려고 해요. …………… (   )

4) 이 남자는 한국 차를 선물하려고 해요. ………………………… (   )

Unit **8**

화장실이 어디에 있어요?

POINT

▶ ~ 이 / 가 ~ 에 있다

우산이 가방 안에 있습니다.
교과서가 책상 위에 있습니다.

▶ ~ 지만

실례지만 몇 살입니까?
비빔밥이 맵지만 맛있습니다.
오늘 수업이 없지만 학원에 갑니다.
아침에는 비가 왔지만 지금은 비가 안 와요.

단어 및 표현

앞	옆	꽃가게	맞은편
주유소	오른쪽	편의점	커피숍
레스토랑	사이	~ 층	지하
뭘	엘리베이터	돼지고기	코너
왼쪽	고기가게	앞줄	~ 권
뒤	탁상달력	밑	

※ 실례지만 ~

01 녹음을 들으십시오. 그림과 맞으면 ○, 틀리면 X를 하십시오. 🎧 1-08, 00:17

1) (   )   2) (   )   3) (   )   4) (   )   5) (   )

02 그림을 보고 다음 질문에 대답하십시오. 🎧 1-08, 01:14

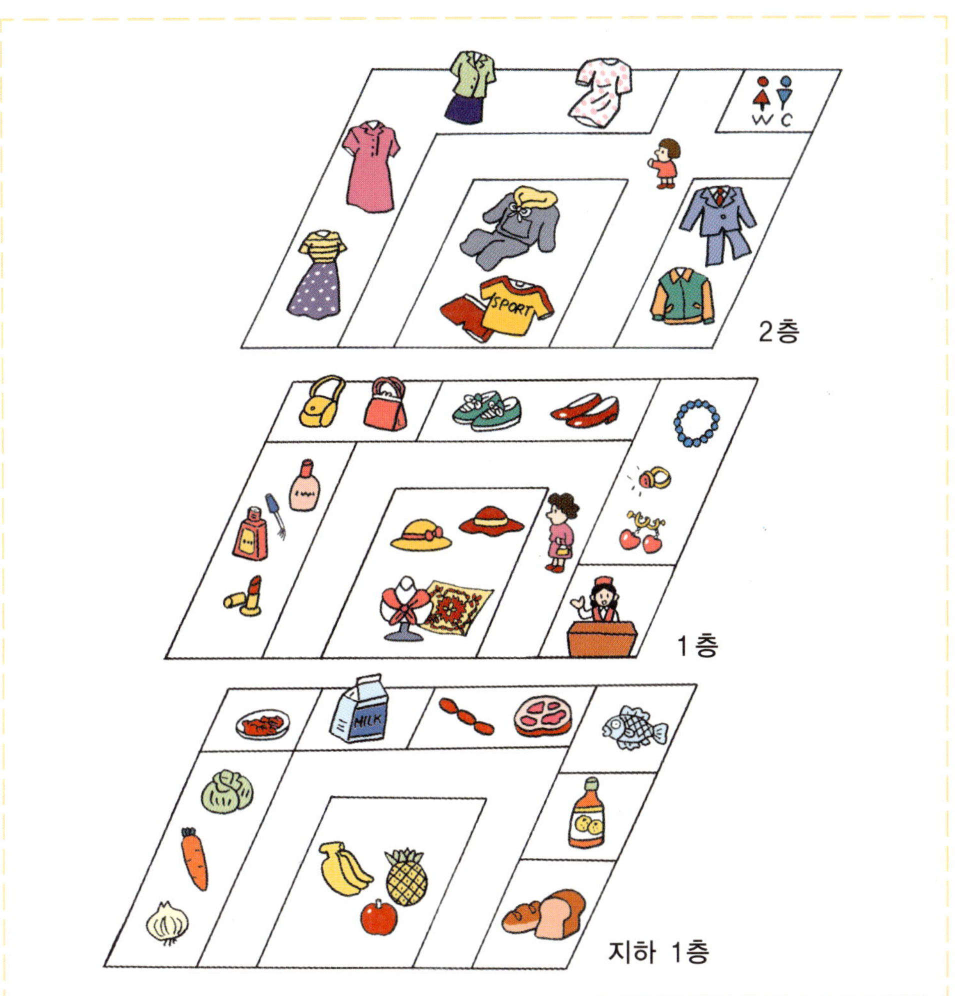

1) ❶ 지하 1층　　　❷ 1층　　　❸ 2층

2) ❶ 모자가게　　　❷ 가방가게　　　❸ 액세서리가게

3) ❶ 지하 1층　　　❷ 1층　　　❸ 2층

4) ❶ 식료품　　　❷ 가방　　　❸ 액세서리

03 녹음을 듣고 설명과 맞는 그림을 찾으십시오. 🎧 1-08, 01:57

1) (　　　)　　　2) (　　　)　　　3) (　　　)　　　4) (　　　)

04 다음 대화를 듣고 질문에 대답하십시오. 🎧 1-08, 02:49

1)

2)

3)

4)

1) (   )   2) (   )   3) (   )   4) (   )

05 녹음을 듣고 그림을 완성하십시오. 1-08, 04:33

Unit 9

이 옷을 바꾸고 싶어요.

▶ ~고 싶다

다음 달에 일본에 가고 싶습니다.
휴가 때 책을 많이 읽고 싶습니다.

▶ ~ 전에 / ~ 기 전에

두 시간 전에 친구를 만났습니다.
날마다 식사 전에 물을 마십니다.
한국에 오기 전에 한국말을 배웠습니다.

단어 및 표현

옛날에	MP3	들어오다	칼국수
며칠	한번	환불	영수증
가져오다			
※ 글쎄요			

01 녹음을 들으십시오. 내용과 맞는 그림을 고르십시오. 🎧 1-09, 00:17

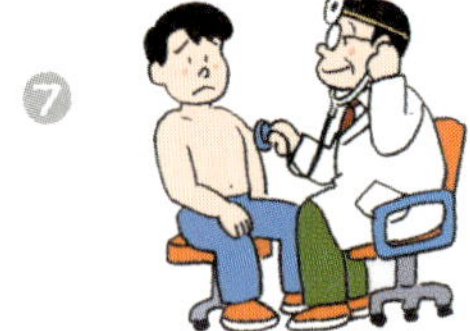

1) (　　　)　　　2) (　　　)　　　3) (　　　)　　　4) (　　　)　　　5) (　　　)

02 녹음을 듣고 오늘 한 일을 순서대로 번호를 쓰십시오. 🎧 1-09, 01:22

(   ) → (   ) → (   ) → (   )

03 다음 대화를 들으십시오. 사람과 메뉴를 연결하십시오. 1-09, 02:13

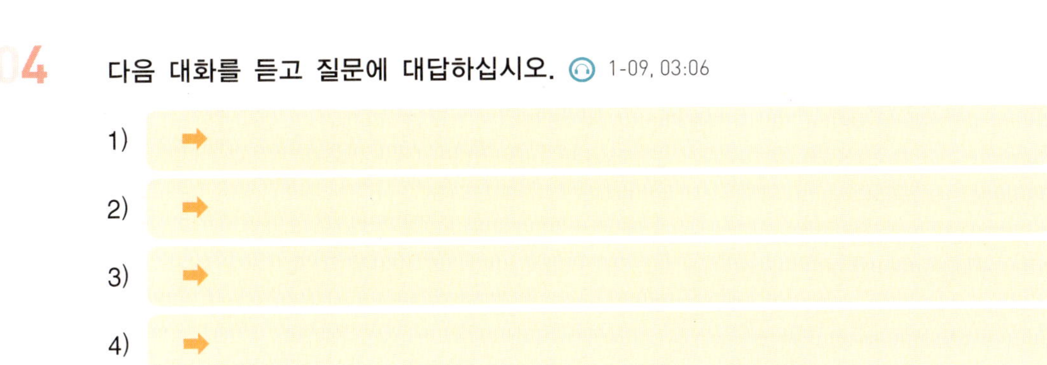

칼국수

비빔밥

순두부찌개

미영

은영

영준

04 다음 대화를 듣고 질문에 대답하십시오. 1-09, 03:06

1) ➡

2) ➡

3) ➡

4) ➡

격음화(激音化)

01 자음 /ㄱ, ㄷ, ㅂ, ㅈ/이 /ㅎ/을 만나면 각각 /ㅋ, ㅌ, ㅍ, ㅊ/으로 바뀐다.

백화점 [배콰점]	빨갛게 [빨가케]	복잡해요 [복짜패요]
않고 [안코]	많다 [만타]	싫지 [실치]

주말에 백화점에 갔는데 사람이 아주 많았어요.
빨간색 가방도 좋지만 파란색 가방이 더 좋아요.
그쪽은 길이 너무 복잡하니까 이쪽으로 갑시다.
저는 회사에 가지 않고 집에서 일해요.

02 /ㅅ/은 대표음 /ㄷ/으로 바뀐 뒤 격음화가 일어난다.

못해요 [몯해요] → [모태요]	깨끗해서 [깨끋해서] → [깨끄태서]

저는 한국말을 잘 못하니까 다른 사람한테 물어보세요.
요즘 날씨가 따뜻해서 참 좋아요.
청소를 해서 집이 아주 깨끗해요.

Unit 10 # 예약하셨습니까?

Unit 10 예약하셨습니까?

▶ ～지요?

지금 몇 시지요?
한국말이 어렵지요?

단어 및 표현

컴퓨터게임	처음	와인	어젯밤
내리다	그치다	별로	새
테크노마트	좀(조금)	그날	결혼식
일찍	일어나다	미용실	～(이)나
화장하다	발리	예약	인터넷
～호	열쇠		

※성함이 어떻게 되십니까?　　　　편히 쉬십시오

01 녹음을 들으십시오. 문장 안에 있는 단어에 표시하십시오. 🎧 1-10, 00:17

1) (선생님이었어요 / 선생님이 있었어요)

2) (숙제했어요 / 숙제하세요)

3) (쉬었습니다 / 쉬웠습니다)

4) (맛있었어요 / 마셨어요)

5) (잤어요 / 갔어요)

02 다음 대화를 듣고 그림과 맞으면 ○, 그림과 맞지 않으면 ✕를 하십시오. 🎧 1-10, 01:07

1) (   )

2) (   )

3) (   )

4) (   )

5) (   )

03 이 사람은 지난주 일요일에 무엇을 했습니까? 쓰십시오. 🎧 1-10, 02:43

일요일 스케줄

9:00 – 미용실 도착

_____ – 결혼식장 도착

_____ – 결혼식

4:30 – _____________

04 다음 대화를 듣고 질문에 대답하십시오. 🎧 1-10, 03:40

1) 여기는 어디입니까? ➡

2) 이 사람은 어떻게 예약했습니까? ➡

3) 방은 몇 호입니까? ➡

01 /ㄴ/이 /ㄹ/을 만나면 /ㄹ/로 바뀐다.

신라 [실라]	한라산 [할라산]	연락 [열락]
관리 [괄리]	물놀이 [물로리]	

오전 10시까지 저한테 <u>연락</u>해 주세요.

<u>신라</u> 호텔에서 묵었어요.

제주도에 가면 <u>한라산</u>에 가 보고 싶어요.

<u>관람</u>객 여러분, 핸드폰을 꺼 주시기 바랍니다.

여름철에 <u>물놀이</u>를 하다가 사고를 당하는 사람들이 많습니다.

02 2음절어 다음에 '량, 력, 료' 등과 같은 단어가 접사처럼 붙으면 /ㄴ/ + /ㄴ/의 형태가 된다.

판단력 [판단녁]	생산량 [생산냥]	입원료 [입뭔뇨]

대통령이 <u>결단력</u>이 부족해요.

<u>입원료</u>가 너무 비싸요.

선약이 있어서 안 돼요.

▶ ~(으)러

날마다 운동하러 공원에 갑니다.
삼겹살을 먹으러 식당에 갑니다.

▶ ~(으)ㄴ 후에

날마다 책을 읽은 후에 잡니다.
수업이 끝난 후에 컴퓨터를 합니다.

▶ ~ 아 / 어 / 여서

영화가 재미없어서 안 봤습니다.
배가 고파서 김밥을 많이 먹었습니다.

단어 및 표현

~ 마다	빌리다	매주	식료품
~ 들	외식	이	닦다
감기에 걸리다	약	세일	다른
신상품	어떻게	~ 님	외출
이따가	아뇨	앞으로	퇴근
~ 한테	선약		

※ 어떻게 오셨습니까?

01 녹음을 들으십시오. 이 사람은 지금 어디에 갑니까? 맞는 그림의 번호를 쓰십시오. 🎧 1-11, 00:17

1) (　　　)　　　2) (　　　)　　　3) (　　　)　　　4) (　　　)　　　5) (　　　)

02 다음 녹음을 듣고 내용이 그림과 맞으면 ○, 맞지 않으면 ×를 하십시오. 🎧 1-11, 01:20

1) (　　　)

2) (　　　)

3) (　　　)

3) 6:00 → 7:00

4) (　　　)

4) 5:00 → 6:00

5) (　　　)

5) 10:00 → 11:00

03　다음 대화를 듣고 질문에 대답하십시오. 🎧 1-11, 02:20

1) ➡

2) ➡

3) ➡

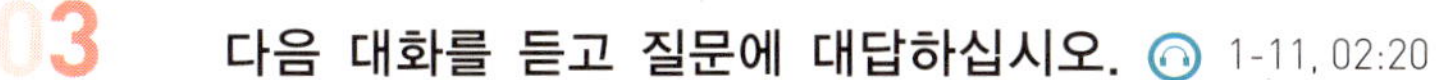

4) ➡

5) ➡

04 다음 대화를 듣고 빈칸에 들어갈 말을 써 넣으십시오. 1-11, 04:28

호진 : 미영 씨, 오늘 1)________ 약속이 있어요?

미영 : 왜요?

호진 : 저한테 영화표가 2)__________. 같이 3)______ 가지 않겠어요?

미영 : 미안하지만 오늘은 4)___________ 안 돼요.

호진 : 그래요?

미영 : 저… 내일은 어때요? 내일은 5)______________ 괜찮은데.

호진 : 내일은 6)___________ 안 돼요.

미영 : 그럼 다음에 같이 봐요.

졸업하면 어떻게 할 거예요?

POINT

▶ ~(으)면

피곤하면 쉬세요.
비가 오면 등산을 하지 않아요.
시간이 많으면 여행을 하고 싶어요.

▶ ~(으)ㄹ 거예요

내일 도서관에 갈 거예요.
오늘은 청바지를 입을 거예요.

단어 및 표현

현금	카드	계산하다	부탁하다
출발하다	늦다	걸어가다	월급을 받다
만약	사이즈	맞다	카푸치노
냉면	이번	휴가	홍콩
계획이 없다	대학원	방학	배낭여행
살이 찌다	아직	요가	수영
~ 때			

※ 가져가실 거예요?   드시고 가실 거예요?

01 다음 녹음을 듣고 빈칸에 쓰십시오. 🎧 1-12, 00:17

1) 현금이 [   ] 카드로 계산하십시오.

2) 스즈키 씨 [   ] 부탁합니다.

3) 많이 [   ] 병원에 가십시오.

4) 이번 주에 날씨가 [   ] 같이 놀러 갑시다.

5) 지금 [   ] 늦지 않을 거예요.

6) [   ] 걸어갑시다.

7) 이번 달에 월급을 [   ] MP3를 사고 싶어요.

8) 만약 사이즈가 [   ] 바꾸십시오.

02 다음 대화를 듣고 대화 내용과 맞으면 O, 맞지 않으면 ×를 하십시오. 🎧 1-12, 01:36

1) (   )   2) (   )   3) (   )   4) (   )   5) (   )

03 녹음을 듣고 질문에 대답하십시오. 1-12, 03:48

1) 영호 씨는 방학에 무엇을 하려고 합니까?

2) 영호 씨는 왜 그것을 하려고 합니까?

3) 민주 씨는 왜 운동을 하려고 합니까?

4) 선생님은 왜 요가를 배우지 않습니까?

01 /ㄱ, ㄷ, ㅂ/ 뒤에 오는 /ㄱ, ㄷ, ㅂ, ㅅ, ㅈ/은 /ㄲ, ㄸ, ㅃ, ㅆ, ㅉ/으로 발음된다.

학교 [학꾜]	식당 [식땅]	설악산 [서락싼]
맥주 [맥쭈]	잡지 [잡찌]	열쇠 [열쐬]
먹고 [먹꼬]	없다 [업따]	믿지 [믿찌]

날마다 <u>학교</u>에 갑니다.

오늘 저녁에 한국 <u>식당</u>에서 <u>식사</u>를 하려고 해요.

주말에 친구들과 같이 <u>맥주</u>를 마시려고 합니다.

다음 문제를 <u>읽고</u> 답하세요.

여자한테는 몸무게를 <u>묻지</u> 마세요.

시원한 걸로 주세요.

▶ ~ 한테(에게) ~ 을 / 를 주다

제가 남자친구에게 초콜릿을 주었어요.
어버이날에 부모님께 카네이션을 드렸어요.

▶ ~ 한테(에게서) ~ 을 / 를 받다

선생님에게서 이메일을 받았어요.
생일에 친구한테서 선물을 받았어요.

▶ ~(으)ㄴ / 는 / (으)ㄹ

마실 물이 없어요.
깨끗한 식당이 좋습니다.
요즘 읽는 책이 재미있습니다.
어제 축구 경기를 본 사람이 많습니다.
숙제를 하지 않은 사람이 누구입니까?

단어 및 표현

CD	초콜릿	컵	정말
DVD	케이크	지난달	단독주택
차갑다	따뜻하다	무섭다	음료수
오랜만에	필요하다		

01 녹음을 들으십시오. 누가 누구에게 무엇을 주었습니까? 🎧 1-13, 00:17

① 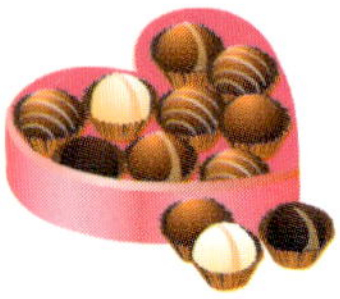 ② 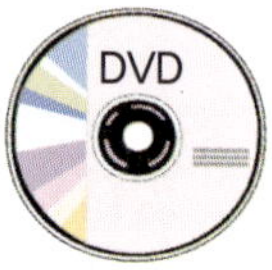 DVD ③

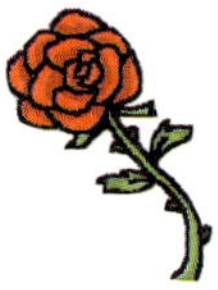

④ 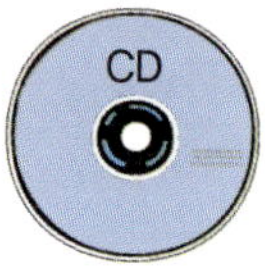 CD ⑤ 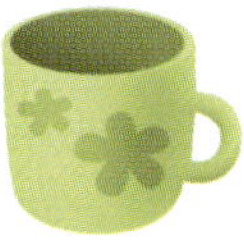 ⑥

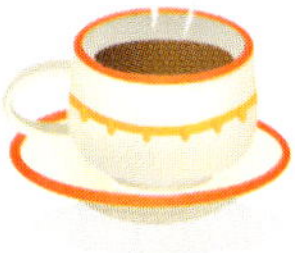

⑦ 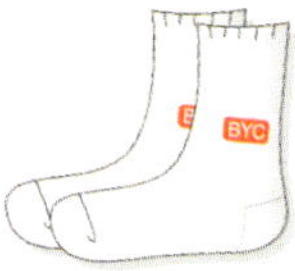 ⑧

( )   스티브   ( )
( )   ( )

민수   나

( )   ( )
( )   리리   ( )

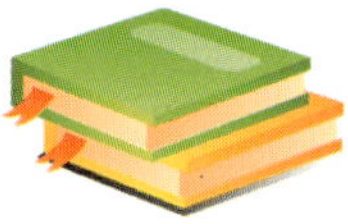

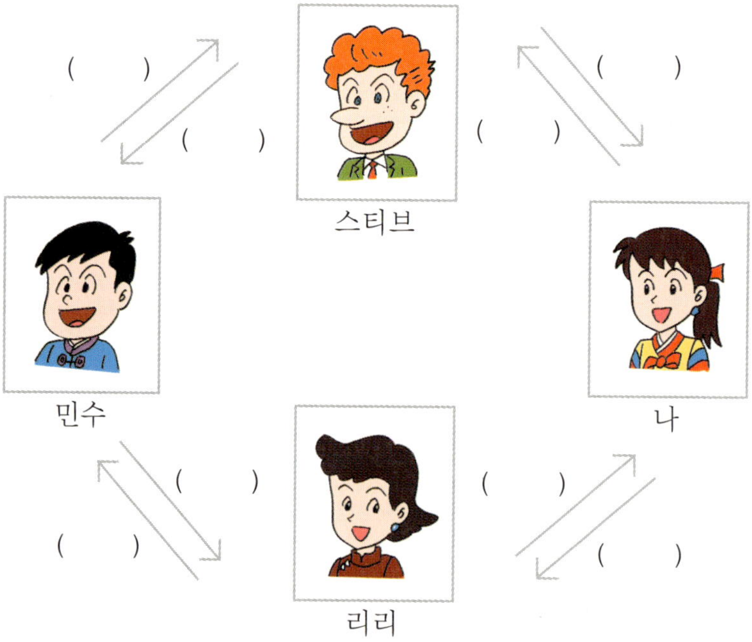

02 다음 대화를 듣고 질문에 맞는 그림에 표시하십시오. 🎧 1-13, 01:51

1) (　　　)　 　 

2) (　　　)　　

3) (　　　)　 　 

4) (　　　)　　 

5) (　　　)　　

6) (　　　)　 　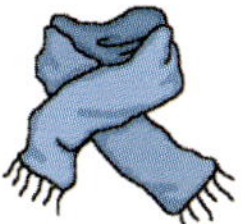 

03 녹음을 듣고 다음 질문에 대답하십시오. 1-13, 03:36

1) 여기는 어디입니까?

➡

2) 이 사람은 무엇을 마시려고 합니까?

➡

3) 이 사람은 따뜻한 음료수를 찾습니까?

➡

4) 이 사람은 왜 약을 먹으려고 합니까?

➡

배로 보내면 얼마나 걸릴까요?

▶ ~(으)ㄹ까요?

극장에 사람이 많을까요?
그 식당 음식이 맛있을까요?

▶ ~(으)ㄹ 거예요

내일은 날씨가 시원할 거예요.
그 사람은 내일 학원에 오지 않을 거예요.

단어 및 표현

아마	벌써	세일	코트
감자탕	맵다	가죽재킷	~고 싶어하다
짐	부치다	국제우편	포장하다
깨지다	대부분	~(으)로 보내다	일주일 만에
걸리다			
※잘 모르겠지만…….		정말 잘 됐어요	얼마쯤 해요?

01 녹음을 듣고 맞는 것에 표시하십시오. 🎧 2-1, 00:17

1) 가 : 내일 날씨가 어떨까요?

나 : 아마 눈이 ____________.

❶ 올 거예요.   ❷ 안 올 거예요.

2) 가 : 이번 주에 홍콩에 가려고 해요. 비행기표가 있을까요?

나 : 벌써 화요일이에요. 그러니까 아마 표가 ______________.

❶ 있을 거예요.   ❷ 없을 거예요.

3) 가 : 이 영화가 재미있을까요?

나 : 사람들이 많이 봤어요. 그러니까 아마 __________.

❶ 재미없을 거예요.   ❷ 재미있을 거예요.

4) 가 : 다음달에 베트남에 여행을 하고 싶어요. 날씨가 좋을까요?

나 : 여름이니까 ______________.

❶ 더울 거예요.   ❷ 좋을 거예요.

5) 가 : 백화점 세일을 시작했을까요? 아직 세일이면 코트를 사고 싶어요.

나 : 잘 모르겠지만 ______________.

❶ 시작할 거예요.   ❷ 시작했을 거예요.

02 다음 대화를 듣고 대화 내용과 맞는 것을 고르십시오. 🎧 2-1, 01:37

1) ❶ 이 영화가 재미있을 거예요.
   ❷ 이 영화가 재미없을 거예요.

2) ❶ 내일 날씨는 좋을 거예요.
   ❷ 내일 날씨는 나쁠 거예요.

3) ❶ 외국사람들한테는 갈비가 좋을 거예요.
   ❷ 외국사람들한테는 감자탕이 좋을 거예요.

4) ❶ 과장님은 행복할 거예요.
   ❷ 과장님은 결혼할 거예요.

5) ❶ 가죽재킷은 동대문 시장에서 50~60만원 할 거예요.
   ❷ 가죽재킷은 백화점에서 50~60만원 할 거예요.

03 녹음을 듣고 다음 질문에 대답하십시오. 2-1, 03:23

1) 이 사람은 우체국에 왜 갔습니까?

2) 이 사람은 소포를 어떻게 보냈습니까?

3) 소포를 비행기로 보내면 얼마나 걸립니까?

4) 이 사람은 일본에 무엇을 소포로 보냅니까?

Unit 15   머리를 어떻게 해 드릴까요?

▶ ~아 / 어 / 여 드릴까요?

더우면 창문을 열어 드릴까요?
제가 한국 노래를 가르쳐 드릴까요?

▶ ~아 / 어 / 여 주세요.

가방이 무거워요. 좀 도와 주세요.
너무 비싸요. 조금만 깎아 주세요.

단어 및 표현

친절하다	설명하다	스파게티	어버이날
카네이션	밸런타인데이	얼마나	넣다
가끔	갑자기	가끔	일이 생기다
바꾸다	전자사전	용산	머리를 자르다
파마	상하다	다듬다	염색

01 녹음을 듣고 그림과 맞으면 ○, 맞지 않으면 ×를 하십시오. 🎧 2-2, 00:17

1) (　　　)　　　2) (　　　)　　　3) (　　　)

4) (　　　)　　　5) (　　　)　　　6) (　　　)

02 다음 대화를 듣고 이어질 대화로 알맞은 것을 고르십시오. 🎧 2-2, 01:34

1) ❶ 네, 넣어 주세요.

　　❷ 조금만 넣어 주세요.

2) ❶ 그럼 김치를 보내 드릴까요?

　　❷ 그럼 김치를 만들 거예요.

3) ❶ 바꿨습니다.

　　❷ 바꿔 주시겠어요?

4) ❶ 말해 주세요.

  ❷ 말해 드리세요.

5) ❶ 가 드릴까요?

  ❷ 가 주세요.

03 녹음을 듣고 맞으면 O, 틀리면 X 하십시오. 🎧 2-2, 03:44

1) (   )   2) (   )   3) (   )

01 관형사형 '-(으)ㄹ' 뒤에 연결되는 'ㄱ, ㄷ, ㅂ, ㅅ, ㅈ'은 경음화가 일어난다.

할 것을 [할꺼슬]	할 수는 [할쑤는]	갈 데가 [갈떼가]
할 바를 [할빠를]	만날 사람 [만날싸람]	

오늘 오후에 <u>만날 사람</u>이 있어요.

서울에서 <u>구경할 데</u>가 많아요.

냉장고에 <u>먹을 것</u>이 하나도 없어요.

02 '-(으)ㄹ'로 시작되는 어미의 경우에도 경음화가 일어난다.

할걸 [할껄]	할수록 [할쑤록]	할지라도 [할찌라도]	할지언정 [할찌언정]

한국말은 <u>공부할수록</u> 어려워요.

날씨가 추운데 따뜻한 옷을 <u>입을걸</u> 그랬어요.

비록 게임은 <u>졌을지라도</u> 경기 내용은 훌륭했습니다.

나중에 다시 전화하겠습니다.

POINT

▶ ~(으)ㄴ / 는데

잠을 많이 잤는데 졸려요.
휴일인데 같이 놀러 갈까요?
어제 연극을 봤는데 아주 재미있었어요.
이 분은 김 선생님인데 한국말을 가르쳐요.

단어 및 표현

유학을 가다	선물로 받다	댁	바꿔 주다
롯데 호텔	통화 중	잠시 후	다시 걸다
외출 중	메모	전해주다	한마음 아파트
~동 ~호	컴비네이션	피자	라지
갖다주다	~분 이내로	배달하다	연락하다
잊어버리다	시간이 생기다	도착하다	
※ ~씨 좀 바꿔 주세요.		~씨 부탁합니다.	

01 녹음을 듣고 문장 안에 있는 단어를 고르십시오. 2-3, 00:17

1) (친구인데 / 친구 있는데)

2) (싼데 / 샀는데)

3) (휴가인데 / 휴가 있는데)

4) (봤는데 / 받았는데)

5) (운동했는데 / 운전했는데)

02 다음 대화를 내용과 맞으면 O, 맞지 않으면 ×를 하십시오. 2-3, 01:17

1) (   )   2) (   )   3) (   )   4) (   )   5) (   )

03 다음은 수잔 씨가 미영 씨에게 보낸 이메일입니다. 녹음을 듣고 맞으면 O, 틀리면 ×를 하십시오. 2-3, 04:25

1) 수잔 씨는 올해 회사원이 됐습니다. ……………………………………… (   )

2) 수잔 씨는 한국에서 살지 않았습니다. ……………………………………… (   )

3) 수잔 씨는 한국어를 공부하고 싶지만 시간이 없습니다. …………… (   )

4) 수잔 씨는 다음주가 휴가라서 한국에 가려고 합니다. …………… (   )

5) 수잔 씨는 다음주 목요일에 미영 씨를 만나고 싶어합니다. ………… (   )

어디에서 달러를 바꿀 수 있어요?

POINT

▶ ~(으)ㄹ 수 있다

내일 수업에 올 수 없습니다.
저는 피아노를 칠 수 있습니다.

▶ ~지 못하다 / 못~

김치를 못 먹습니다.
한국 신문을 못 읽습니다.
저는 수영을 하지 못합니다.

단어 및 표현

끝내다	카메라	가져오다	핸드폰
찍다	창구	돕다	달러
전화요금	공과금	기계	찾다
카드	넣다	비밀번호	누르다
출금단추	금액	현금	수표
장수	나오다	새 돈	나머지
자동이체	신청하다	편리하다	신분증
여권			

※ 무엇을 도와드릴까요?

01 다음 녹음을 듣고 맞는 그림을 고르십시오.  2-4, 00:17

1) (　　　) ①  ② 

2) (　　　) ①  ② 

3) (　　　) ①  ② 

4) (　　　) ①  ② 

5) (　　　) ①  ② 

02 다음 녹음을 듣고 질문에 대답하십시오. 2-4, 01:31

1) ❶ 3번 창구   ❷ 4번 창구   ❸ 8번 창구   ❹ 9번 창구

2) ❶ 1달러   ❷ 500달러   ❸ 1000달러   ❹ 500000달러

3) ❶ 환전하러 왔습니다.   ❷ 카드를 만들러 왔습니다.
    ❸ 전화요금을 내러 왔습니다.   ❹ 돈을 찾으러 왔습니다.

4) ❶ 현금인출기(ATM)사용할 때   ❷ 복사를 할 때
    ❸ 팩스를 보낼 때   ❹ 자동판매기를 사용할 때

5) ❶ 6장   ❷ 8장   ❸ 10장   ❹ 12장

03 녹음을 듣고 맞는 것을 고르십시오. 2-17, 03:40

1) 이 사람은 지금 (우체국 / 은행)에 갑니다.

2) 이 사람은 (돈을 찾으러 / 공과금을 내러) 거기에 갑니다.

04 **녹음을 듣고 쓰십시오.** 2-4, 04:18

손   님 : 달러를 한국 1)________ 바꾸고 싶은데요.

은행원 : 이 신청서를 쓰세요. 그리고 2)________이나 3)______을 주세요.

　　　　돈은 4)______으로 드릴까요? 5)________로 드릴까요?

손   님 : 백만 원은 십만 원짜리 수표로 주시고, 6)______는 만 원

　　　　7)______로 주세요.

은행원 : 네, 알겠습니다. 여기 있습니다.

저 까만색 구두를 보여 주세요.

▶ ~아 / 어 / 여 보다

제주도에 가 보십시오.
이 옷을 입어 보십시오.
갈비를 먹어 보고 싶습니다.

단어 및 표현

구경하다	투어버스	연락이 없다	어울리다
~(으)ㄹ 것 같다	관심이 있다	가렵다	알레르기
바르다	태권도	찾다	사이즈
마음에 들다	연세	70 대	스타일
모양	교환하다		
※어디 봅시다.	마음에 들지 모르겠네요.		

01 녹음을 듣고 맞는 그림을 고르십시오. 🎧 2-5, 00:17

6) 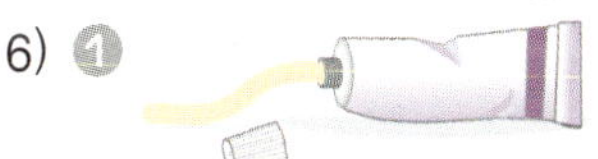  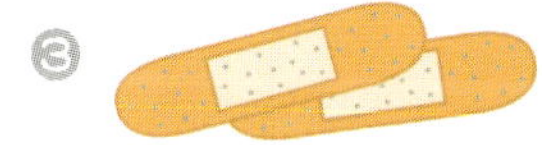

7)   

02 녹음을 듣고 질문에 대답하십시오. 🎧 2-5, 02:50

1) 손님은 어떤 신발을 보고 있습니까?

❶ 까만색 구두　　❷ 파란색 구두　　❸ 빨간색 구두　　❹ 하얀색 구두

2) 지금 신어 본 신발의 크기는 얼마입니까?

❶ 230　　❷ 235　　❸ 240　　❹ 245

3) 지금 손님이 보고 있는 구두를 고르십시오.

❶ 　　❷ 　❸ 　❹ 

03 녹음을 듣고 맞는 것을 고르십시오. 🎧 2-5, 03:58

1) 손님이 사려는 구두는 (여자 / 남자) 것입니다.

2) 이 구두는 (40대 / 50대 / 60대 / 70대) 사람이 신을 겁니다.

3) 손님은 (255mm / 260mm / 265mm / 270mm)짜리 구두를 샀습니다.

4) 손님은 (끈이 있는 구두 / 끈이 없는 구두)를 샀습니다.

5) 신발이 맞지 않을 때는 교환이 (됩니다 / 안 됩니다)

지하철보다 KTX가 더 빨라요.

▶ ~ 중에서 제일

세계에서 중국이 인구가 제일 많아요. 한국 음식 중에서 불고기가 제일 맛있어요.

▶ ~ 보다

사과보다 오렌지가 더 맛있어요.
이 길보다 저 길이 더 가까워요.

단어 및 표현

인구	알프스 산	에베레스트 산	디지털 카메라
~ 짜리	제 건 (제 것은)	미리(밀리미터, 밀리, mm)	
도심 순환코스	고궁 코스	전통문화	민속촌
전에	놀다	홍대입구	대장금 테마파크
(돈이) 들다	안동	하회탈춤	
시간이 적게(많이) 걸려요			

01 녹음을 듣고 맞는 그림을 고르십시오. 2-6, 00:17

1)
① 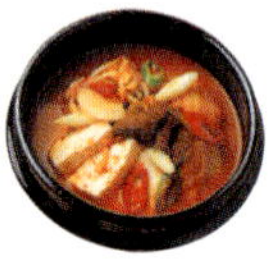 김치찌개 ② 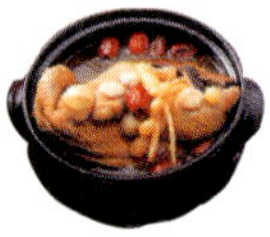 삼계탕 ③ 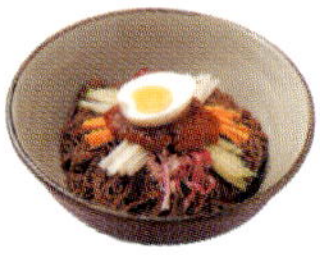 비빔냉면

2)
① 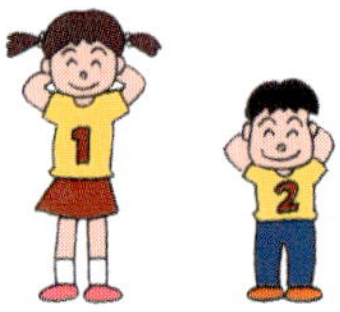 누나 동생 ② 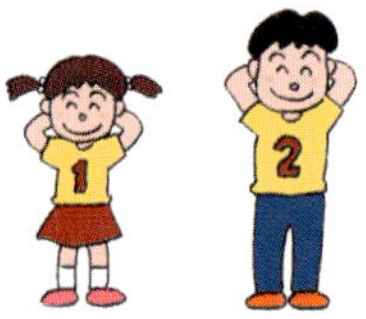 누나 동생 ③ 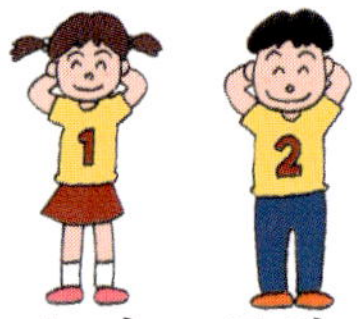 누나 동생

3)
① 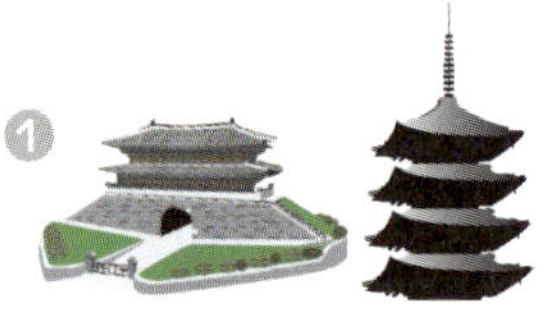 서울 -5도 / 교토 -5도 ② 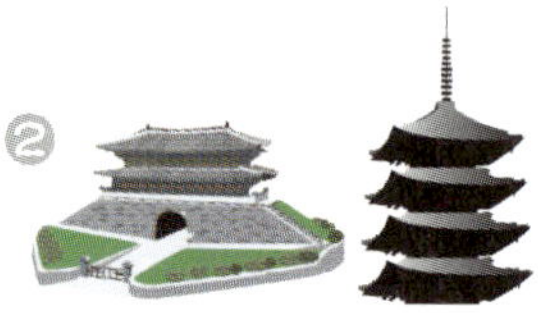 서울 -5도 / 교토 -7도 ③ 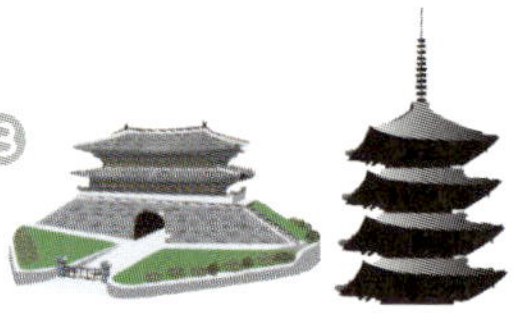 서울 -5도 / 교토 2도

4)
① 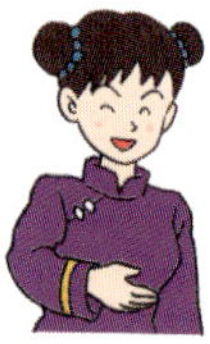 중국 ② 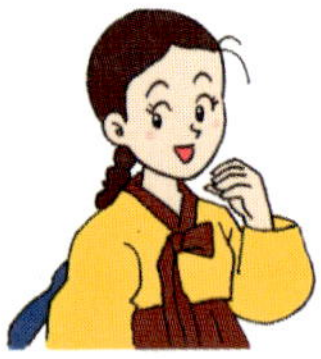 한국 ③ 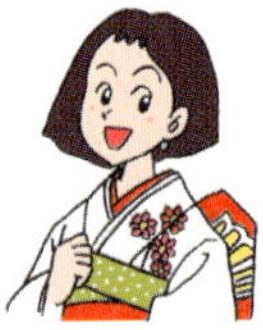 일본

5)
① 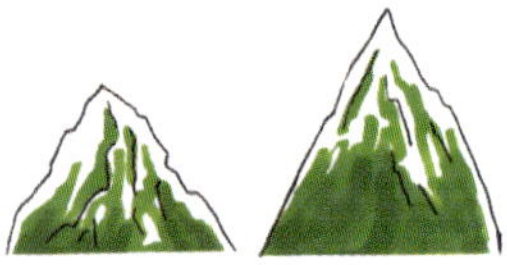 에베레스트 알프스 ② 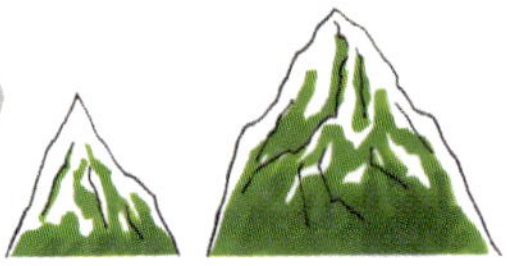 알프스 에베레스트 ③ 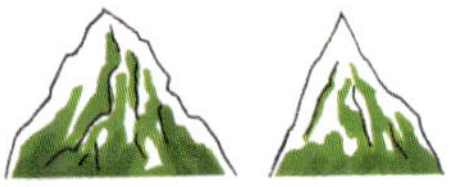 에베레스트 알프스

02 다음 대화를 듣고 질문에 답하십시오. 🎧 2-6, 01:42

1) ❶ 남동생　　　❷ 오빠　　　❸ 여동생

2) ❶ 45만 원짜리　　　❷ 40만 원짜리　　　❸ 30만 원짜리

3) ❶ 250mm　　　❷ 225mm　　　❸ 235mm

03 녹음을 듣고 질문에 대답하십시오. 🎧 2-6, 03:24

1) ❶ ➡　　　2) ❶ ➡　　　3) ❶ ➡

　 ❷ ➡　　　　 ❷ ➡　　　　 ❷ ➡

04 녹음을 듣고 맞으면 ○, 틀리면 ✕를 하십시오. 🎧 2-6, 05:33

1) (　　) 　　2) (　　) 　　3) (　　) 　　4) (　　) 　　5) (　　)

01 /ㄴ,ㅁ/으로 끝나는 동사 어간 뒤에서 경음화가 일어난다.

안다 [안따]	신고 [신꼬]	감다 [감따]	앉다 [안따]
안고 [안꼬]	신지만 [신찌만]	닮고 [담꼬]	

아침에 일어나면 머리를 <u>감고</u> 샤워를 해요.
아이가 인형을 <u>안고</u> 있어요.
저는 여름에는 양말을 <u>신지</u> 않아요.
지하철에서 다리가 아파서 자리에 <u>앉고</u> 싶었어요.

02 받침이 /ㄹ/ 로 끝나는 일부 한자 단어에서도 뒤에 오는 /ㄷ, ㅅ, ㅈ/이 각각 /ㄸ, ㅆ, ㅉ/으로 발음된다.

갈등 [갈뜽]	갈증 [갈쯩]	할증 [할쯩]
절도 [절또]	물질 [물찔]	발전 [발쩐]

<u>갈증</u>이 나는데 차가운 물 좀 주세요.
서울이 많이 <u>발전</u>했어요.

※ 같은 한자가 겹쳐진 단어의 경우에는 경음화가 일어나지 않는다.

허허실실 [허허실실]	절절하다 [절절하다]

03 명사와 명사가 결합해서 만들어진 합성어의 경우에는 뒤 단어의 첫소리 'ㄱ, ㄷ, ㅂ, ㅅ, ㅈ'이 경음화 된다.(※사이시옷 규정 참조)

눈동자 [눈똥자]	신바람 [신빠람]	길가 [길까]
술잔 [술짠]	아침밥 [아침빱]	손바닥 [손빠닥]

아시아 사람은 보통 <u>눈동자</u>가 까매요.
오늘은 시간이 없어서 <u>아침밥</u>을 못 먹었어요.
<u>길가</u>에 자동차를 주차하면 안 돼요.

Unit 20 제주도에 간 적이 있어요?

POINT

▶ ∼(으)니까

비가 오니까 우산을 가지고 가십시오.
손님이 많으니까 다른 식당으로 갑시다.

▶ ∼(으)ㄴ 적이 있다

외국에 가 본 적이 있어요.
그 사람을 만난 적이 있어요.
그 음식을 먹은 적이 없어요.
전에 중국말을 배운 적이 있어요.

단어 및 표현

길이 막히다	다	일인분	시키다
배(가) 부르다	'대' 짜	한	'중' 짜
주문하다	마일리지 카드	할인하다	세트
전주	전주비빔밥	대단하다	김치를 담그다
∼는 법	경복궁	창덕궁	유네스코
세계문화유산	정해져 있다	확인하다	

01 녹음을 듣고 내용과 맞으면 ○, 맞지 않으면 ×를 하십시오. 2-7, 00:17

1) (   )   2) (   )   3) (   )   4) (   )   5) (   )

02 다음 대화를 듣고 아래 칸에 표시하십시오. 2-7, 02:48

	게이코
전주에 간 적이 있습니다.	
전주 비빔밥을 먹은 적이 있습니다.	
비빔밥을 집에서 만든 적이 있습니다.	
한국음식을 만드는 법을 배운 적이 있습니다.	
김치를 담근 적이 있습니다.	

03 녹음을 듣고 질문에 답하십시오. 2-7, 04:08

1) 여기는 어디입니까?

❶ 여행사   ❷ 창덕궁   ❸ 관광안내소   ❹ 식당

2) 이 남자는 오늘 왜 창덕궁에 갈 수 없습니까?

3) 이 여자는 왜 창덕궁을 추천했습니까?

4) 창덕궁은 겨울에는 몇 시부터 몇 시까지 엽니까?

01 받침 /ㄱ, ㄷ, ㅂ/ 뒤에 /ㅁ, ㄴ/ 이 올 경우 앞 자음이 /ㅁ, ㄴ, ㅇ/으로 바뀌는 현상이다.

> 국민 [궁민]　　　믿는 [민는]　　　앞문 [압문] → [암문]　　　읽는 [익는] → [잉는]

작년 여름휴가 때 어디에 갔어요?

한국 사람들은 국물 요리를 좋아해요.

아침 8시에 학교에 갑니다.

못 먹는 음식이 뭐예요?

이 일을 오늘 오후까지 끝내세요.

박물관은 저녁 7시에 닫는대요.

밥 먹었어요?

이 보관함을 사용해도 돼요?

▶ ~ 아 / 어 / 여도 되다

여기에 자동차를 주차해도 됩니까?
이 구두를 신어 봐도 됩니까?

▶ ~(으)면 안 되다

교실에서 담배를 피우면 안 됩니다.
박물관에서 사진을 찍으면 안 됩니다.

단어 및 표현

사진을 찍다	담배를 피우다	금연(구역)	주차
건물	볼일이 있다	주차권	보여주다
자리가 있다	맞다	환불	시켜 먹다
가져오다	신선하다	보관함	지폐
동전			

※ 여기에 앉아도 됩니까?

01 녹음을 듣고 내용과 맞는 그림을 골라 번호를 쓰십시오. 2-8, 00:17

1) (   )   2) (   )   3) (   )   4) (   )   5) (   )

02 녹음을 듣고 맞는 것에 표시하십시오. 2-8, 01:40

1) 이 사람은 여기에 앉을 수 (있습니다 / 없습니다.)

2) 이 사람은 옷을 환불할 수 (있습니다 / 없습니다.)

3) 사무실에서는 음식을 시켜 (먹어도 됩니다 / 먹으면 안 됩니다.)

4) 이 사람은 귤을 먹어 볼 수 (있습니다 / 없습니다.)

5) 한국에서는 빨간 색으로 이름을 (써도 됩니다 / 쓰면 안 됩니다.)

03 녹음을 듣고 질문에 대답하십시오. 2-8, 03:13

1) 여기는 어디입니까?

2) 이 사람들은 왜 보관함을 찾고 있습니까?

3) 큰 보관함은 얼마입니까?

4) 왜 500원짜리 동전으로 바꾸려고 합니까?

01 받침 /ㄷ, ㅌ/ 이 모음 /ㅣ/를 만나면 각각 /ㅈ, ㅊ/ 으로 바뀐다.

굳이 [구지]	해돋이 [해도지]	같이 [가치]
밭이 [바치]	숱이 [수치]	끝이에요 [끄치에요]

오늘 저녁에 같이 식사할까요?

머리숱이 별로 없어요.

편지 봉투에 우표를 붙이세요.

02 /ㄷ/과 /ㅎ/이 만나면 먼저 /ㅊ/으로 바뀐 뒤 구개음화가 일어난다.

닫히다 [다티다] → [다치다]

갇혀요 [갇히어요] → [가티어요] → [가치어요] → [가쳐요]

묻혀서 [묻히어서] → [무티어서] → [무치어서] → [무쳐서]

창문이 안 닫혀요.

태풍이 와서 섬에 일주일 동안 갇혀 있었어요.

다른 학생이 빌려가서 아직 안 가져왔는데요.

POINT

▶ ~아 / 어 / 여서

날마다 도서관에 가서 공부해요.
보통 집에서 음식을 만들어서 먹어요.
은행에서 돈을 찾아서 책을 사려고 해요.

단어 및 표현

(돈을) 모으다	피곤하다	목욕하다	보통
미국	그렇게 합시다	금연	흡연실
내리다	갈아타다	2 호선	자장면
볶음밥	반납	만약	부탁 하다

※택시를 타는 게 어때요?

Unit 22 · 다른 학생이 빌려가서 아직 안 가져왔는데요.

01 녹음을 듣고 맞는 그림을 고르십시오. 🎧 2-9, 00:17

1) (　　　) 　　2) (　　　) 　　3) (　　　)

4) (　　　) 　　5) (　　　) 　　6) (　　　)

02 다음 대화를 듣고 맞는 것을 고르십시오. 🎧 2-9, 01:49

1) ❶ 미국　　　　　　❷ 영국　　　　　　❸ 한국

2) ❶ 멀기 때문에　　　❷ 날씨가 춥기 때문에　　❸ 택시비가 싸기 때문에

3) ❶ 화장실　　　　　❷ 흡연실　　　　　❸ 사무실

4) ❶ 1호선　　　　　❷ 2호선　　　　　❸ 3호선

5) ❶ 자장면 가게　　❷ 피자집　　　　　❸ 슈퍼

03 다음 대화를 듣고 질문에 대답하십시오.  2-9, 03:50

1) 이 사람은 왜 책을 빌릴 수 없습니까?

2) 이 사람은 언제쯤 이 책을 빌릴 수 있습니까?

01 /ㄹ,ㄴ/으로 시작하는 한자어 단어가 /ㅣ, ㅑ, ㅕ, ㅛ, ㅠ/를 만나면 /ㄹ, ㄴ/이 탈락하거나 /ㄹ/이 /ㄴ/으로 표기된다. 단, 첫음절이 아닐 때에는 제 소리로 표기한다. 발음 또한 이에 따른다.

리(利) : 이자(利子) / 금리(金利)	량(良) : 양심(良心) / 선량(善良)
력(歷) : 역사(歷史) / 경력(經歷)	녀(女) : 여자(女子) / 남녀(男女)
닉(溺) : 익사(溺死) / 탐닉(耽溺)	로(勞) : 노동(勞動) / 근로(勤勞)

요즘 금리가 너무 낮아서 이자가 별로 안 붙어요.

근로자의 날에는 모든 노동자는 쉽니다.

선량한 사람한테 그런 짓을 하다니 양심도 없네요.

그 회사는 남녀차별이 심해서 여자들은 승진을 못해요.

Unit 23 핸드폰이 고장 났어요.

▶ ~(으)ㄴ / 는 /(으)ㄹ 것 같다

남편이 요즘 바쁜 것 같아요.
저 사람은 외국 사람인 것 같아요.
주말이라서 극장에 사람이 많을 것 같아요.
미키코 씨는 운동을 열심히 하는 것 같아요.
학생 때 공부를 열심히 하지 않은 것 같아요
마이클 씨는 매운 음식을 좋아하지 않을 것 같아요.

▶ ~(으)ㄴ 지가 ~ 되었다

한국에 온 지 일 년 되었습니다.
한국어를 배우기 시작한 지 두 달 되었습니다.

단어 및 표현

어머	감기에 걸리다	예매하다	여보
전화가 오다	당신	소리	두고 나오다
아까	전화를 받다	약속 시간	다른
이상하다	들리다	자꾸	끊어지다
일단	검사하다	저기요	넘다
음식이 나오다	밀리다	취소하다	저희

※ 산 지 얼마나 됐어요?

01 다음 대화를 듣고 맞는 그림을 고르십시오. 🎧 2-10, 00:17

1) ① 　② 

2) ① 　② 

3) ① 　② 

4) ① 　② 

5) ① 　② 

02 다음 대화를 듣고 질문에 답하십시오. 🎧 2-10, 01:48

1) ① 약속시간을 바꾸려고　　② 핸드폰을 바꾸려고

　 ③ 약속시간을 정하려고　　④ 핸드폰을 빌리려고

2) ❶ 핸드폰 배터리가 다 돼서 　　❷ 아이가 핸드폰을 가지고 나가서

　　❸ 핸드폰을 사무실에 두고 나와서 　　❹ 핸드폰을 잃어버려서

03 다음 대화를 듣고 질문에 답하십시오. 🎧 2-10, 02:55

1) ❶ 액정화면이 안 나옵니다.

　❷ 소리가 너무 큽니다.

　❸ 통화 중에 핸드폰이 끊깁니다.

　❹ 핸드폰 전원이 자꾸 꺼집니다.

2) ❶ 1달 전에 　　❷ 2달 전에 　　❸ 1년 전에 　　❹ 2년 전에

04 다음 대화를 듣고 맞으면 O, 틀리면 X를 하십시오. 🎧 2-10, 03:48

1) 이 손님은 20분 전에 주문했습니다. ·································· (　　)

2) 종업원은 주문 내용을 잊어버렸습니다. ······························ (　　)

3) 지금 손님이 많아서 오래 기다려야 합니다. ······················ (　　)

4) 이 남자는 주문을 취소하고 다시 주문했습니다. ·················· (　　)

01 모음과 모음 사이에서나 /ㄴ, ㄹ, ㅁ, ㅇ/ 과 모음 사이에서 무성음인 /ㄱ, ㄷ, ㅂ, ㅈ/이 유성음으로 발음된다.

이번 주말에 부부모임이 있어요.
비빔냉면이 먹고 싶어요.
저는 생선보다 고기를 좋아해요.
전자사전이 갖고 싶어요.
어디에 가세요?

적립카드를 만드세요.

POINT ▶ ~(으)ㄹ 때

대학생 때 공부를 열심히 했어요.
처음 한국에 왔을 때는 매운 음식을 못 먹었어요.
한국에서는 식사할 때 이야기를 많이 하면 안 돼요.

단어 및 표현

리무진버스	초등학생	친구를 사귀다	기분
타고 오다	혼자	조깅	적립카드
적립이 되다	(현금으로) 내다	%(퍼센트, 프로)	쓰다
금액	헬스클럽		

※ 다 됐어요

01 다음 녹음을 듣고 맞는 그림을 고르십시오. 2-11, 00:17

1) 

2)  

3)  

4)  

5)  

02 다음 대화를 듣고 맞는 대답을 고르십시오. 2-11, 01:15

1) ❶ 뜨거운 물로 목욕합니다. ❷ 케이크를 먹습니다. ❸ 술을 마십니다.

2) ❶ 커피를 많이 마십니다. ❷ 물을 많이 마십니다. ❸ 술을 많이 마십니다.

3) ❶ 친구하고 영화를 봅니다. ❷ 친구하고 운동합니다. ❸ 친구하고 얘기합니다.

4) ❶ 버스로 왔습니다. ❷ 지하철로 왔습니다. ❸ 택시로 왔습니다.

5) ❶ 공원에서 운동을 했습니다.
   ❷ 공원에서 책을 읽었습니다.
   ❸ 공원에서 산책을 했습니다.

03 다음 대화를 듣고 질문에 답하십시오. 2-11, 02:59

1) ❶ 식당 적립카드 ❷ 헬스클럽 회원카드
   ❸ 핸드폰 회원카드 ❹ 커피숍 적립카드

2) ❶ 오천 원 ❷ 만 원 ❸ 만 오천 원 ❹ 이만 원

3) ❶ 5% ❷ 10% ❸ 15% ❹ 20%

04 다음 대화를 듣고 질문에 답하십시오. 2-11, 04:11

1) ➡

2) ➡

01 동사나 형용사 어간의 마지막 모음이 양성모음 /ㅏ,ㅗ/이면 어미 /~아,~았/이 오고, 다른 모음일 경우에는 /~어,~었/이 온다.

> 받다 : 받아서, 받아요, 받았어요
>
> 주다 : 주어서(→줘서), 주어요(→줘요), 주었어요(→줬어요)
>
> 멀다 : 멀어서, 멀어요, 멀었어요

02 어간의 마지막 모음 /ㅡ/는 모음으로 시작하는 어미와 결합하면 탈락한다. 그런데 어간이 두 글자(이음절) 이상일 경우, /ㅡ/ 앞에 오는 어간모음이 양성모음 /ㅏ,ㅗ/이면 /~아,~았/이 오고, 다른 모음이 오면 /~어,~었/이 온다.

> 크다　 : 커서, 커요, 컸어요　　　　　쓰다　 : 커서, 커요, 컸어요
>
> 나쁘다 : 나빠서, 나빠요, 나빴어요　　고르다 : 골라서, 골라요, 골랐어요
>
> 예쁘다 : 예뻐서, 예뻐요, 예뻤어요　　기르다 : 길러서, 길러요, 길렀어요

03 'ㅂ'불규칙은 어간 마지막 모음이 양성모음이라도 어미 /~어,~었/이 온다.

> 가깝다 : 가깝 + 어서 → 가까워서, 가깝 + 었어요 → 가까웠어요
>
> 날카롭다 : 날카롭 + 어서 → 날카로워서, 날카롭 + 었어요 → 날카로웠어요

그러나, 어간이 한 글자(일음절)일 경우에는 이 규칙을 적용한다.

> 돕다 : 돕 + 아서 → 도와서, 돕 + 았어요 → 도왔어요
>
> 곱다 : 곱 + 아서 → 고와서, 곱 + 았어요 → 고왔어요

04 의성어와 의태어의 경우에는 한 단어 안에서도 이 규칙이 적용된다.

> 반짝반짝/번쩍번쩍　　　　　모락모락/무럭무럭　　　　　알록달록/얼룩덜룩

그러나, 양성모음이던 것이 음성모음으로 바뀌어 널리 쓰이는 것은 바뀐 것을 표준어로 인정한다.

> 깡총깡총 → 깡충깡충　　　　　오똑이 → 오뚝이

※ '~하다'는 어간의 마지막 모음이 양성모음이지만 /~아, 았/가 아니라 /~여, 였/과 결합 한다.

> 결혼하다 : 결혼하 + 여서 〈 결혼하여서 〈 결혼해서
>
> 　　　　　 결혼하 + 였어요 〈 결혼하였어요 〈 결혼했어요

리무진 버스는 1층에서 타야 해요.

POINT

▶ ~ 아 / 어 / 여야 하다

내일 아침에 일찍 일어나야 해요.
내일 시험이 있어서 공부해야 해요.

▶ ~ (으)려면

미용사가 되려면 미용사 자격증이 있어야 해요.
수업에 늦지 않으려면 지금 출발해야 해요.

단어 및 표현

집들이	출근	급하다	콘서트
티켓	부산	곳	행선지
다르다	~ 마다	표	신용카드
도장	꼭	서명하다	신청서
작성하다	직장	주소	말씀 좀 묻겠습니다

01 다음 대화를 듣고 맞는 대답을 고르십시오. 🎧 2-12. 00:17

1) ❶ 6시   ❷ 7시   ❸ 8시

2) ❶ 청소해야 합니다.   ❷ 운동해야 합니다.   ❸ 공부해야 합니다.

3) ❶ 외국에서 손님이 옵니다.
   ❷ 급한 회의가 있습니다.
   ❸ 출장을 가야 합니다.

4) ❶ 한국어 책을 많이 읽어야 합니다.
   ❷ 한국에 가야 합니다.
   ❸ 한국 친구하고 이야기를 많이 해야 합니다.

5) ❶ 친구 결혼식에 가야 하기 때문에
   ❷ 부산에 여행을 가기 때문에
   ❸ 부모님 집에 가야 하기 때문에

02 다음 대화를 듣고 질문에 답하십시오. 🎧 2-12. 02:06

1) ❶ 지하철 역   ❷ 택시 정류장   ❸ 버스 정류장   ❹ 공항

2) ❶ 지하 1층   ❷ 1층   ❸ 2층   ❹ 3층

03 다음 대화를 듣고 빈칸에 알맞은 말을 쓰십시오. 🔊 2-12, 03:04

남자 : 신용카드를 1)＿＿＿＿＿＿＿＿＿＿왔는데요?

여자 : 신분증하고 도장 2)＿＿＿＿＿＿＿＿＿？

남자 : 도장이 없는데, 꼭 3)＿＿＿＿＿＿＿＿＿？

여자 : 아니요, 없으면 4)＿＿＿＿＿＿＿＿＿. 그럼 신청서 작성해 주시고
　　　신분증 좀 보여 주세요.

남자 : 그런데 직장 주소는 잘 모르는데 꼭 5)＿＿＿＿＿＿＿＿＿？

여자 : 모르시면 그냥 집주소만 6)＿＿＿＿＿＿＿＿.

남자 : 다 썼어요.

여자 : 잠시만 기다려 주세요. 네, 7)＿＿＿＿＿＿＿＿＿.
　　　카드는 일주일 후에 8) ＿＿＿＿＿＿＿＿.

01 두 단어가 만나 하나의 단어를 만들 때, 앞 음절이 자음(받침)으로 끝나고 뒤 음절이 /ㅣ, ㅑ, ㅕ, ㅛ, ㅠ/일 경우 /ㄴ/이 첨가되어 /니, 냐, 녀, 뇨, 뉴/로 바뀐다.

한여름 [한녀름]	한 일 [한닐]
서른여섯 [서른녀섣]	꽃잎 [꼳닙 → 꼰닙]
물약 [물냑 → 물략]	부엌일 [부억닐 → 부엉닐]
두통약 [두통냑]	할 일 [할닐→할릴]

한여름에는 더워서 잘 못 자요.

저는 물약을 싫어하니까 알약으로 주세요.

주말에 할 일이 많아서 쉴 수 없어요.

비가 와서 꽃잎이 떨어졌어요.

정답

Unit 01 누구세요?

1 1) × 2) ○ 3) ×
2 1) ① 2) ② 3) ① 4) ① 5) ②
3 1) 경진씨 가족사진 2) ②
  3) 아니요, 회사원이 아닙니다.
    대학생입니다.
4 1) 누구예요? 2) 남동생 3) 아니에요?
  4) 이건 5) 제 거예요

Unit 02 담배가 있어요?

1 빵(○), 주스(○), 커피(○),
  우유(○), 과자(○), 라면(○),
  계란(○), 볼펜(×), 노트(×)
2 1) ④ 2) ① 3) ② 4) ⑤ 5) ③
3 1) ① 2) ① 3) ② 4) ① 5) ②
4 1) ② 2) ①

Unit 03 생일이 언제예요?

1 1) 5월 5일 2) 6월 9일 3) 3월 20일
  4) 10월 4일 5) 8월 11일
2 1) 10월 15일 2) 10월 24일 3) 10월 12일
  4) 10월 14일 5) 10월 25일
3 1) ④ 2) ③ 3) ① 4) ⑤ 5) ②
4 1) × 2) × 3) ○ 4) ○

Unit 04 언제 문을 열어요?

1 1) ④ 2) ① 3) ⑤ 4) ③ 5) ②
2 1) ④ 2) ③ 3) ② 4) ⑤ 5) ③
3 1) × 2) × 3) ○

Unit 05 뭐 드시겠어요?

1 1) ⑥ 2) ④ 3) ③ 4) ① 5) ⑧
2 1) ① 2) ③ 3) ①
3 1) ② 2) ③
4 1) ② 2) ④
5 1) × 2) ○ 3) × 4) ×

Unit 06 날씨가 어때요?

1 1) ① 2) ② 3) ① 4) ① 5) ②
2 1) ② 2) ① 3) ② 4) ① 5) ① 6) ②
3 1) × 2) ○ 3) ○ 4) ×

Unit 07 지난 주말에 뭐 했어요?

1 1) ① 2) ② 3) ① 4) ① 5) ②
2 1) ③ 2) ① 3) ⑤ 4) ④ 5) ②
3 1) 영화를 봤어요.
  2) 한국 친구하고 봤어요.
  3) 재미있었어요.
4 1) ○ 2) × 3) ○ 4) ○

Unit 08 화장실이 어디에 있어요?

1 1) ○ 2) ○ 3) × 4) × 5) ○
2 1) ③ 2) ② 3) ③ 4) ①
3 1) ② 2) ④ 3) ① 4) ③
4 1) ② 2) ② 3) ① 4) ④
5

Unit 09 이 옷을 바꾸고 싶어요.

1 1) ④ 2) ⑤ 3) ⑦ 4) ② 5) ⑥
2 ③ → ① → ④ → ②
3 칼국수 - 은영, 영준 순두부찌개 - 미영
4 1) 옷가게입니다.
  2) 옷이 작아서 바꾸려고 합니다.
  3) 다른 옷이 마음이 들지 않아서 환불을 했습
    니다.
  4) 89,000원입니다.

 예약하셨습니까?

01 1) 선생님이었어요
2) 숙제했어요
3) 쉬었습니다
4) 마셨어요
5) 잤어요

02 1) ○ 2) × 3) × 4) ○ 5) ×

03
일요일
9:00　미용실 도착
12:30　결혼식장 도착
1:00　결혼식
4:30　비행기

04 1) 호텔 2) 인터넷으로 3) 812호

Unit 11 **선약이 있어서 안 돼요.**

01 1) ③ 2) ① 3) ② 4) ⑤ 5) ④

02 1) × 2) ○ 3) × 4) ○ 5) ○

03 1) 약국에 갑니다.
2) 신상품이라서 세일을 안 합니다.
3) 못 만났습니다.
4) 오기 전에 마셔서 안 마십니다.
5) 5시입니다.

04 1) 퇴근 후에　　 2) 있어요
3) 보러　　 4) 선약이 있어서
5) 약속이 없어서 6) 친구 생일이라서

Unit 12 **졸업하면 어떻게 할 거예요?**

01 1) 없으면　　 2) 계시면　　 3) 아프면
4) 좋으면　　 5) 출발하면
6) 멀지 않으면 7) 받으면
8) 맞지 않으면

02 1) × 2) ○ 3) × 4) ○ 5) ×

03 1) 주유소에서 아르바이트를 하려고 해요.
2) 다음 방학에 배낭여행을 가려고.
3) 살이 너무 쪄서.
4) 시간이 없어서.

Unit 13 **시원한 걸로 주세요.**

01
(⑦)　　 스티브　　 (②)
(③)　　 　　 (④)
민수　　 　　 　　 저
(⑥)　　 (⑤)
(⑧)　 리리　 (①)

02 1) ① 2) ② 3) ② 4) ② 5) ② 6) ①

03 1) 비행기 안
2) 녹차
3) 아니요. 시원한 음료수를 찾습니다.
4) 머리가 아파서 두통약을 먹으려고 합니다.

Unit 14 **배로 보내면 얼마나 걸릴까요?**

01 1) ① 2) ② 3) ② 4) ① 5) ②

02 1) ① 2) ② 3) ① 4) ① 5) ②

03 1) 짐을 부치러 갔습니다.
2) 비행기로 보냈습니다.
3) 일주일정도 걸립니다.
4) 책하고 옷을 보냈습니다.

Unit 15 **머리를 어떻게 해 드릴까요?**

01 1) ○ 2) × 3) × 4) ○ 5) ○ 6) ×

02 1) ② 2) ① 3) ② 4) ① 5) ①

03 1) × 2) × 3) ○

Unit 16 **나중에 다시 전화하겠습니다.**

01 1) 친구인데 2) 샀는데 3) 휴가인데
4) 받았는데 5) 운동했는데

02 1) ○ 2) ○ 3) ○ 4) ○ 5) ×

03 1) ○ 2) × 3) ○ 4) ○ 5) ×

Unit 17 **어디에서 달러를 바꿀 수 있어요?**

01 1) ① 2) ② 3) ② 4) ① 5) ②

02 1) ④ 2) ② 3) ③ 4) ① 5) ③

03 1) 은행 2) 공과금을 내러

04 1) 돈으로 2) 신분증 3) 여권 4) 현금
5) 수표　　 6) 나머지 7) 짜리

 저 까만색 구두를 보여주세요.

01 1) ① 2) ③ 3) ② 4) ① 5) ② 6) ① 7) ②
02 1) ① 2) ③ 3) ②
03 1) 남자 2) 70대 3) 265
　　 4) 끈이 없는 구두 5) 됩니다.

Unit 19 지하철보다 KTX가 더 빨라요.

01 1) ② 2) ① 3) ③ 4) ① 5) ②
02 1) ② 2) ① 3) ①
03 1) ① 고궁 코스 ② 2장
　　 2) ① 홍대입구 ② 친구가 쇼핑이나 노는 걸
　　　　 좋아하기 때문에
　　 4) ① 5천 원 ② 치하철을 타고 갑니다
04 1) × 2) ○ 3) ○ 4) × 5) ×

Unit 20 제주도에 간 적이 있어요?

01 1) ○ 2) × 3) ○ 4) ○ 5) ○
02

	게이코
전주에 간 적이 있습니다.	×
전주비빔밥을 먹은 적이 있습니다.	○
비빔밥을 집에서 만든 적이 있습니다.	○
한국음식을 만드는 법을 배운 적이 있습니다.	○
김치를 담근 적이 있습니다.	×

03 1) ③
　　 2) 벌써 문을 닫았기 때문에
　　 3) 유네스코 세계문화유산이고 외국어로 설
　　　　 명을 해 주기 때문에
　　 4) 10시부터 5시까지

Unit 21 이 보관함을 사용해도 될까요?

01 1) ④ 2) ③ 3) ② 4) ① 5) ⑤
02 1) 없습니다 2) 있습니다
　　 3) 먹으면 안 됩니다
　　 4) 있습니다 5) 쓰면 안 됩니다
03 1) 지하철역 2) 짐이 많아서 3) 1,000원
　　 4) 보관함은 동전만 되기 때문에

Unit 22 다른 학생이 빌려 가서
　　　　 아직 안 가져왔는데요

01 1) ① 2) ⑥ 3) ② 4) ④ 5) ③ 6) ⑤
02 1) ③ 2) ② 3) ③ 4) ② 5) ①
03 1) 빌리고 싶은 책을 다른 학생이 빌려 갔기
　　　　 때문에
　　 3) 다음 주 월요일

Unit 23 핸드폰이 고장 났어요.

01 1) ① 2) ② 3) ① 4) ② 5) ①
02 1) ① 2) ③
03 1) ③ 2) ③
04 1) ○ 2) × 3) ○ 4) ×

Unit 24 적립카드를 만드세요.

01 1) ① 2) ③ 3) ② 4) ③ 5) ③
02 1) ① 2) ② 3) ③ 4) ② 5) ①
03 1) ① 2) ② 3) ②
04 1) 등산 2) 헬스클럽

Unit 25 리무진 버스는 1층에서 타야 해요.

01 1) ② 2) ③ 3) ② 4) ③ 5) ①
02 1) ④ 2) ②
03 1) 만들려고　　　　 2) 가져오셨지요?
　　 3) 있어야 돼요?　　 4) 서명하셔도 돼요
　　 5) 써야 해요?　　　 6) 써 주세요
　　 7) 다 됐습니다　　　 8) 나올 거예요

스크립트

Unit 01　누구세요?

1 녹음을 들으십시오. 그림과 틀리면 O, 틀리면 X를 하십시오.

1) 남자 : 이분은 누구입니까?
　　여자 : 이분은 제 어머니입니다.
2) 남자 : 이 남자는 누구예요?
　　여자 : 제 동생입니다.
3) 남자 : 이 사람은 누구입니까?
　　여자 : 이 사람은 제 할아버지입니다.

2 녹음을 듣고 맞는 그림을 고르십시오.

1) 남자 : 이것이 무엇입니까?
　　여자 : 이것은 한국어 교과서입니다.
2) 여자 : 그게 뭐예요?
　　남자 : 이건 제 노트북이에요.
3) 여자 : 저건 뭐예요?
　　남자 : 저건 제 우산이에요.
4) 남자 : 이것은 무엇입니까?
　　여자 : 그것은 모자입니다.
　　남자 : 누구 모자입니까?
　　여자 : 마이클 씨 모자입니다.
5) 여자 : 그건 뭐예요?
　　남자 : 책이에요.
　　여자 : 누구 거예요?
　　남자 : 다나카 씨 거예요.

3 다음 대화를 듣고 질문에 대답하십시오.

영식 : 이건 경진 씨 가족사진이에요?
경진 : 네.
영식 : 어머니, 아버지……. 이 남자는 누구예요?
경진 : 우리 오빠예요. 회사원이에요.
영식 : 네. 이 여자는 언니예요?
경진 : 아니요, 여동생이에요.
영식 : 여동생도 회사원이에요?
경진 : 아니요, 동생은 대학생이에요.

4 녹음을 듣고 빈칸에 쓰십시오.
1) 남자 : 이 사람은 <u>누구예요?</u>

여자 : 제 <u>남동생이에요.</u>
남자 : 남자친구가 <u>아니에요?</u>
여자 : 아니에요.
2) 남자 : <u>이건 누구</u> 전자사전이에요?
　　여자 : 아, <u>제 거예요.</u> 고마워요.

Unit 02　담배가 있어요?

1 편의점에 무엇이 있습니까? 녹음을 듣고 편의점에 있는 것에 O 하십시오.

　편의점에는 물건이 아주 많아요. 빵과 음료수가 있어요. 과자도 있어요. 그리고 라면하고 계란도 있어요. 그렇지만 볼펜이나 노트는 없어요.

2 어디에 있습니까? 녹음을 듣고 연결하십시오.

1) 엄마 : 동생이 어디에 있어요?
　　아들 : 공원에서 놀고 있어요.
2) 여자 : 수잔 씨가 어디에 있어요?
　　남자 : 내일 시험이 있어서 지금 집에서 공부
　　　　　하고 있어요.
3) 남자 : 아버지께서 어디에 계세요?
　　아이 : 회사에 가셨어요.
4) 남자 : 남자 친구가 어디에 있어요?
　　여자 : 맥도널드에서 아르바이트를 하고 있어요.
5) 여자 : 어머니께서 지금 어디에 계세요?
　　아이 : 부엌에서 식사 준비를 하고 계세요.

3 얼마입니까? 녹음을 듣고 녹음 내용과 맞는 그림을 고르십시오.

1) 손님 : 500원짜리 볼펜 세 개 주세요.
　　주인 : 네. 1,500원이에요.
2) 손님 : 이 사과도 세 개에 5,000원이에요?
　　주인 : 아니에요. 그건 한 개에 1,000원이에요.
3) 손님 : 이 계란은 얼마예요?
　　주인 : 10개에 2,500원이에요.
4) 손 님 : 모카커피 한 잔 주세요.
　　종업원 : 네, 손님. 3,500원입니다.
5) 손님 : 이 생선이 얼마예요?
　　주인 : 두 마리에 4,000원이에요.

4 다음 대화를 듣고 질문에 대답하십시오.

점원 : 어서 오세요.

손님 : 아가씨, 담배 있어요?

점원 : 네. 무슨 담배를 드릴까요?

손님 : 원(ONE) 한 갑 주세요.

점원 : 네, 여기 있어요.

손님 : 얼마예요?

점원 : 2,500원이에요.

손님 : 여기 있어요.

문제 : 1) 담배가 얼마예요?

　　　2) 담배를 몇 갑 샀어요?

Unit 03 　생일이 언제예요?

1 오늘은 몇 월 며칠입니까? 녹음을 듣고 날짜를 쓰십시오.

1) 오늘은 5월 5일입니다.
2) 오늘은 6월 9일입니다.
3) 오늘은 3월 20일입니다.
4) 오늘은 10월 4일입니다.
5) 오늘은 8월 11일입니다.

2 다음의 일들이 언제 있습니까? 녹음을 듣고 맞는 날짜를 쓰십시오.

1) 어제는 하루 종일 비가 왔어요. 그래서 외출하지 않고 집에 있었어요.
2) 다음주 목요일에 제 친구가 한국에 와요. 그래서 공항에 갈 거예요.
3) 지난주 토요일에는 한국 친구들을 만나서 한국 영화를 봤어요.
4) 이번 주 월요일에 한국어 시험이 있었어요.
5) 다음 주 금요일에는 같은 반 친구들과 인사동에 갈 거예요.

3 다음 대화를 듣고 물건과 사람을 맞게 연결하십시오.

1) 마이클 : 이 책이 수미 씨 거예요?

　수　미 : 아니요, 제 것이 아니에요. 영희 씨 거예요.

2) 스미스 : 이 볼펜이 누구 거예요?

　영　희 : 제 것은 아니에요. 수미 씨한테 물어보세요.

　스미스 : 수미 씨, 이 볼펜이 수미 씨 거예요?

　수　미 : 네, 제 거예요.

3) 마이클 : 이 우산은 누구 거예요?

　영　희 : 그 우산은 미영 씨 거예요.

4) 미　영 : 이 안경이 마이클 씨 거예요?

　마이클 : 아니요, 제 것이 아니에요.

　미　영 : 그럼, 누구 거예요?

　마이클 : 스미스 씨 거예요.

5) 영　희 : 저 가방이 누구 거예요?

　스미스 : 마이클 씨 거예요.

4 다음 대화를 듣고 맞으면 O, 틀리면 X를 하십시오.

수미 : 모자가 참 예뻐요. 리즈 씨가 샀어요?

리즈 : 아니요, 친구한테서 받았어요.

수미 : 친구한테서요? 오늘이 리즈 씨 생일이에요?

리즈 : 아니에요. 친구가 그냥 선물로 주었어요.

수미 : 그래요. 그런데 리즈 씨 생일이 언제예요?

리즈 : 4월 3일이에요. 수미 씨는요?

수미 : 저는 11월 28일이에요. 리즈 씨 생일은 얼마 안 남았네요.

리즈 : 그래요. 그때 같이 식사할까요?

수미 : 네, 좋아요.

Unit 04 　언제 문을 열어요?

1 몇 시입니까? 녹음을 듣고 맞는 그림과 연결하십시오.

1) 5시입니다.
2) 3시 반입니다.
3) 6시 45분입니다.
4) 4시 15분 전입니다.
5) 8시 35분입니다.

2 녹음을 듣고 맞는 답을 고르십시오.

1) 남자 : 지금 몇 시예요?

　여자 : 2시 10분 전이에요.

　문제 : 지금 몇 시입니까?

2) 승객 : 2시 30분 기차가 있어요?

　직원 : 2시 30분에는 없어요. 한 시간 후에는

있어요.

문제 : 몇 시 기차를 탈 수 있어요?

3) 여자 : 지금 백화점이 문을 열었어요?
  남자 : 아니요, 30분쯤 후에 열 거예요.
  여자 : 지금 몇 시예요?
  남자 : 9시 30분이에요.

  문제 : 백화점이 몇 시에 문을 열어요?

4) 남자 : 영화가 몇 시에 시작해요?
  여자 : 다섯 시 반에 시작해요.
  남자 : 영화가 몇 시간쯤 해요?
  여자 : 두 시간쯤 해요.

  문제 : 영화가 몇 시에 끝났어요?

5) 여자 : 박물관이죠? 토요일에 몇 시까지 문을
    열어요?
  직원 : 평일에는 오후 8시까지 열고, 주말에는
    오후 6시까지 엽니다.

  문제 : 박물관은 토요일에 몇 시까지 문을 열어
    요?

03 다음 대화를 듣고 맞으면 O, 틀리면 X를 하십시오.

남자 : 어디 가세요?
여자 : 은행에 가요.
남자 : 지금 은행에 가요? 4시 반이 지나서 은행이
  문을 닫았을 거예요.
여자 : 벌써요?
남자 : 네. 보통 4시 반에 문을 닫아요.
여자 : 그럼, 내일 아침에 가야겠네요. 아침에는
  몇 시에 문을 열어요?
남자 : 9시 반에 열어요.
여자 : 네, 고마워요. 그런데 토요일에도 같아요?
남자 : 아니요, 토요일에는 은행이 쉬어요.

01 녹음을 듣고 맞는 그림을 고르십시오.

1) 여자 : 무슨 꽃을 드릴까요?
  남자 : 장미꽃 세 송이 주세요.
2) 여자 : 양말을 몇 켤레 드릴까요?

남자 : 까만색으로 두 켤레 주세요.
3) 여자 : 오렌지 주스 세 병 주세요.
  남자 : 네, 1500원입니다.
4) 남자 : 한국에 친구가 많아요?
  여자 : 다섯 명쯤 있어요.
5) 남편 : 어제 시장에 가서 뭐 샀어요?
  아내 : 생선을 한 마리 샀어요.

02 다음 대화를 듣고 맞는 그림을 고르십시오.

1) 여자 : 이 양말 얼마예요?
  남자 : 두 켤레에 1,000원이에요.
  여자 : 그럼, 한 켤레는 500원이에요?
  남자 : 아니요. 한 켤레는 600원이에요.
2) 여자 : 쇠고기 좀 주세요. 어떻게 팔아요?
  남자 : 600g에 만 원이에요.
  여자 : 그럼, 반만 주세요.
3) 남자 : 집에 컴퓨터가 없으면 PC방에 가세요.
  여자 : 그러면 되겠네요. 그런데 얼마예요?
  남자 : 보통 한 시간에 1,200원쯤 해요.

03 다음 대화를 듣고 질문에 답하십시오.

종업원 : 어서 오세요. 몇 분이세요?
손 님 : 두 명이요.
종업원 : 이쪽으로 앉으세요. 주문하시겠어요?
손 님 : 순두부찌개 2인분 주세요.
종업원 : 네, 알겠습니다.

문제 : 1) 손님은 몇 명입니까?
    2) 손님은 무엇을 주문했습니까?

04 다음 대화를 듣고 질문에 답하십시오.

손 님 : 김치찌개 3인분 주세요.
종업원 : 죄송한데, 지금 김치찌개는 안 되는데요.
손 님 : 그래요? 그럼, 비빔밥은 돼요?
종업원 : 네, 돼요.
손 님 : 그럼, 비빔밥 두 그릇 주세요. 그리고 고
    추장은 따로 주세요.
종업원 : 네, 알겠습니다.
손 님 : 아, 참. 계란은 빼 주세요.
종업원 : 네, 알겠습니다.

문제 : 1) 이 손님들은 무엇을 먹겠습니까?
    2) 이 손님은 무엇을 먹지 않습니까?

05 다음 대화를 듣고 맞으면 O, 틀리면 X를 하십시오.

손 님 : 여기요!

종업원 : 네, 손님.

손 님 : 여기 반찬이 없는데, 반찬을 더 먹으면
　　　　돈을 내야 돼요?

종업원 : 아니요, 반찬은 무료예요.

손 님 : 네. 그럼, 좀 더 주세요. 그리고 앞접시도
　　　　한 개 갖다 주시겠어요?

종업원 : 네, 알겠습니다. 더 필요한 거 없으세요?

손 님 : 네, 없어요. 고맙습니다.

Unit 06 **날씨가 어때요?**

01 녹음을 듣고 맞는 그림을 고르십시오.

1) 여자 : 오늘 날씨가 어때요?
　　남자 : 구름이 많아서 흐려요.
2) 여자 : 도로에 자동차가 많아요?
　　남자 : 네, 차가 아주 많아요.
3) 남자 : 오늘 기분이 어때요?
　　여자 : 요즘 일이 많아서 아주 피곤해요.
4) 남자 : 이 음식이 어때요?
　　여자 : 너무 뜨거워서 먹기가 힘들어요.
5) 여자 : 이 문제가 어때요?
　　남자 : 어렵네요.

02 녹음을 듣고 맞는 그림을 고르십시오.

1) 공이 커요.
2) 신발이 비싸요.
3) 산이 높아요.
4) 날씨가 더워요.
5) 키가 작아요.
6) 아줌마가 뚱뚱해요.

03 다음 대화를 듣고 맞으면 O, 틀리면 X를 하십시오.

주인 : 이 빨간색 가방이 어때요?

손님 : 예쁘지만 너무 작아요.

주인 : 그럼, 저기 까만색 가방은 어때요?

손님 : 그 가방은 크지만 색깔이 마음에 안 들어요.

주인 : 그럼, 이 노란색 가방은요?

손님 : 그 가방은 좀 비싸네요.

주인 : 빨간색도 싫고, 까만색도 싫고, 노란색도
　　　싫고. 어떻게 해요?

Unit 07 **지난 주말에 뭐 했어요?**

01 녹음을 듣고 맞는 그림을 고르십시오.

1) 여자 : 지난 주말에 뭐 했어요?
　　남자 : 등산했어요.
2) 엄마 : 오늘 수업 후에 뭐 했어요?
　　아들 : 친구하고 영화 보러 갔어요.
3) 남자 : 어제 누구를 만났어요?
　　여자 : 일본 친구를 만났어요.
4) 여자 : 작년에 어느 나라를 여행했어요?
　　남자 : 프랑스를 여행했어요.
5) 엄마 : 점심에 무엇을 먹었어요?
　　아들 : 햄버거를 먹었어요.

02 다음 대화를 듣고 번호와 그림을 알맞게 연결하십시오.

1) 남자 : 주말에 뭐 할 거예요?
　　여자 : 친구하고 영화를 보려고 해요.
2) 남자 : 오늘 점심에 무엇을 먹을 거예요?
　　여자 : 비빔밥을 먹으려고 해요.
3) 여자 : 누구하고 스키를 타러 갈 거예요?
　　남자 : 여동생하고 가려고 해요.
4) 여자 : 인사동에서 무엇을 사려고 해요?
　　남자 : 녹차를 사려고 해요.
5) 여자 : 어느 나라로 여행을 가려고 해요?
　　남자 : 중국으로 가려고 해요.

03 다음 대화를 듣고 답을 쓰십시오.

남자 : 주말 잘 보냈어요?

여자 : 네, 잘 보냈어요. 민수 씨는 주말에 뭐 하셨
　　　어요?

남자 : 저는 한국 영화를 한 편 봤어요.

여자 : 재미있었어요?

남자 : 네, 아주 재미있었어요.

여자 : 누구하고 봤어요?

남자 : 한국 친구하고 봤어요.

여자 : 어디에서 영화를 봤어요?

남자 : 메가박스에서 봤어요.

문제 : 1) 민수 씨는 주말에 무엇을 했어요?
　　　 2) 민수 씨는 누구하고 영화를 봤어요?
　　　 3) 영화가 어땠습니까?

04 다음 대화를 듣고 맞으면 O, 틀리면 X를 하십시오.

여자 : 휴가가 언제부터예요?
남자 : 내일부터 2주 동안이에요.
여자 : 휴가 동안 뭐 할 거예요?
남자 : 고향에 가려고 해요.
여자 : 고향에서 무엇을 하려고 해요?
남자 : 친구도 만나고 가족도 만나려고 해요.
여자 : 선물은 준비했어요?
남자 : 네, 한국 차를 선물하려고 해요.

 화장실이 어디에 있어요?

01 녹음을 들으십시오. 그림과 맞으면 O, 틀리면 X를 하십시오.

1) 공원 앞에 다리가 있습니다.
2) 병원 옆에 꽃가게가 있습니다.
3) 주차장 맞은편에 교회가 있습니다.
4) 주유소 오른쪽에 편의점이 있습니다.
5) 커피숍은 레스토랑과 약국 사이에 있습니다.

02 그림을 보고 다음 질문에 대답하십시오.

1) 아이는 몇 층에 있습니까?
2) 화장품 가게 옆에는 뭐가 있습니까?
3) 화장실은 몇 층에 있습니까?
4) 지하에서는 뭘 팔아요?

03 녹음을 듣고 설명과 맞는 그림을 찾으십시오.

1) 날씨가 좋지만 비가 와요.
2) 교실에 아이들은 있지만 선생님은 없어요.
3) 저는 키가 크지 않지만 동생은 키가 커요.
4) 여자는 예쁘지만 남자는 잘생기지 않았어요.

04 다음 대화를 듣고 질문에 대답하십시오.

1) 여자1 : 실례지만 여자 화장실이 어디에 있어요?
　　여자2 : 2층에 있어요.
　　여자1 : 2층 어디에 있어요?
　　여자2 : 엘리베이터 오른쪽에 있어요.
　　문제 　: 여자 화장실은 어디에 있습니까?

2) 남자 : 실례지만, 돼지고기는 어디에서 팔아요?
　　여자 : 야채코너 앞에 빵가게가 있어요. 그 빵가게 왼쪽에 있어요.
　　남자 : 고맙습니다.
　　문제 : 고기가게는 어디에 있습니까?

3) 남자 : 제 커피를 보셨어요?
　　여자 : 커피요? 아, 그게 민우 씨 커피였어요? 그 커피는 저기에 있어요.
　　남자 : 저기요? 어디요?
　　여자 : 창문 옆에요.
　　문제 : 민우 씨 커피는 어디에 있습니까?

4) 남자 : 누가 영미 씨 어머니세요?
　　여자 : 앞줄 오른쪽이요.
　　남자 : 어머니가 머리가 길군요.
　　문제 : 영미 씨 어머니는 누구입니까?

05 녹음을 듣고 그림을 완성하십시오.

여기는 제 방이에요. 창문 앞에 침대가 있어요. 침대 위에는 옷이 있어요. 문 옆에 책상이 있어요. 책상 위에 노트북이 있어요. 노트북하고 시계 사이에는 책이 한 권 있어요. 시계 뒤에는 탁상달력이 있어요. 책상 밑에는 강아지가 한 마리 있어요. 제 방에는 책상은 있지만 의자가 없어요.

 이 옷을 바꾸고 싶어요.

01 녹음을 들으십시오. 내용과 맞는 그림을 고르십시오.

1) 남자 : 이번 주말에 뭐 하고 싶으세요?
　　여자 : 스키를 타고 싶어요.
2) 엄마 : 뭘 먹고 싶어요?
　　아들 : 김밥을 먹고 싶어요.
3) 여자 : 옛날에 뭐가 되고 싶었어요?
　　남자 : 의사가 되고 싶었어요.
4) 남자 : 뭘 사고 싶으세요?
　　여자 : MP3를 사고 싶어요.
5) 남자 : 유미 씨는 선생님이 되고 싶었어요?
　　여자 : 아니요, 가수가 되고 싶었어요.

2 녹음을 듣고 오늘 한 일을 순서대로 번호를 쓰십시오.

저는 보통 12시쯤 자요. 보통 자기 전에 텔레비전을 보거나 숙제를 해요. 그렇지만 오늘은 집에 늦게 왔어요. 그래서 드라마를 보고 싶었지만 안 봤어요. 뉴스만 봤어요. 그리고 자기 전에 숙제를 했어요. 저녁은 보통 집에서 먹는데 오늘은 집에 들어오기 전에 친구하고 식사를 했어요.

3 다음 대화를 들으십시오. 사람과 메뉴를 연결하십시오.

미영 : 영준 씨는 뭘 드시고 싶으세요?

영준 : 글쎄요. 뭐가 맛있을까요?

은영 : 칼국수는 어때요? 얼마 전에 먹었는데 맛있었어요.

영준 : 그래요? 그럼 저는 칼국수를 먹을게요. 은영 씨는요?

은영 : 저도 칼국수를 먹고 싶어요.

미영 : 음…… 저는 비빔밥이 먹고 싶지만 비빔밥이 없어요.

영준 : 미영 씨는 순두부찌개를 좋아하잖아요.

미영 : 네. 그럼 저는 순두부찌개를 먹을게요.

4 다음 대화를 듣고 질문에 대답하십시오.

손님 : 이 옷을 며칠 전에 샀지만 바꾸고 싶어요.

점원 : 왜 바꾸고 싶으세요?

손님 : 옷이 저한테 너무 작아요.

점원 : 네. 그럼 다른 옷을 한번 보세요.

손님 : 그런데 다른 옷들은 마음에 안 들어요. 환불도 돼요?

점원 : 네. 됩니다. 영수증 가져오셨어요?

손님 : 네, 여기요.

점원 : 손님, 89,000원 여기 있습니다.

손님 : 네. 고맙습니다.

문제 : 1) 여기는 무슨 가게입니까?
　　　 2) 이 사람은 왜 여기에 왔습니까?
　　　 3) 이 사람은 왜 환불을 했습니까?
　　　 4) 옷 값이 얼마입니까?

1 녹음을 들으십시오. 문장 안에 있는 단어에 표시하십시오.

1) 우리 아버지는 초등학교 선생님이었어요.
2) 컴퓨터게임을 하기 전에 숙제했어요.
3) 저는 어제 집에서 쉬었습니다.
4) 어제 친구하고 같이 처음 와인을 마셨어요.
5) 어젯밤에 12시쯤에 잤어요.

2 다음 대화를 듣고 그림과 맞으면 ○, 그림과 맞지 않으면 ×를 하십시오.

1) 남자 : 서울에는 눈이 오는데 거기도 눈이 오지요?
　 여자 : 아니요, 조금 전까지 눈이 내렸는데 지금은 그쳤어요.
2) 남자 : 어제 영화관 앞에서 미영 씨 남자친구를 봤어요. 남자친구가 키가 크지요?
　 여자 : 아니요. 별로 안 커요.
3) 남자 : 제가 새 핸드폰을 사려고 해요. 테크노마트가 싸지요?
　 여자 : 네. 테크노마트가 싸지만 여기에서 좀 멀어요.
4) 남자 : 진이 씨 옆에 이 남자는 동생이지요?
　 여자 : 네? 제 남자친구예요.
　 남자 : 남자친구요? 동생이 아니었어요?
5) 남자 : 오늘이 며칠이지요?
　 여자 : 오늘이 수요일이니까 28일이네요.
　 남자 : 네? 26일이 아니에요?

3 이 사람은 지난주 일요일에 무엇을 했습니까? 쓰십시오.

지난주 일요일은 아침부터 너무 바빴어요. 그날은 제 결혼식이었어요. 1시에 결혼식을 했어요. 그래서 아침에 일찍 일어났어요. 9시에 미용실에 갔어요. 3시간이나 화장을 했어요. 결혼식 30분 전에 결혼식장에 도착했어요. 결혼식이 끝나고 4시 반에 비행기를 탔어요. 저는 지금 발리에 있습니다.

4 다음 대화를 듣고 질문에 대답하십시오.

호텔직원 : 손님 예약을 하셨습니까?

손　　님 : 네. 일주일 전에 인터넷으로 예약했어요.

호텔직원 : 성함이 어떻게 되십니까?
손   님 : 김명수예요.
호텔직원 : 잠깐만 기다리세요. 아, 여기 있네요.
          23일하고 24일 예약하셨지요?
손   님 : 네.
호텔직원 : 방은 812호이고, 이것은 방 열쇠입니
          다. 그럼, 편히 쉬십시오.

Unit 11 선약이 있어서 안 돼요.

01 녹음을 들으십시오. 이 사람은 지금 어디에 갑니
까? 맞는 그림의 번호를 쓰십시오.

1) 저는 아침마다 한국어를 배우러 갑니다.
2) 어제는 수업이 끝난 후에 책을 빌리러 갔어요.
3) 매주 일요일마다 식료품을 사러 가요.
4) 오늘 저녁에는 가족들하고 외식을 하러 갑니다.
5) 친구하고 같이 커피를 마시러 왔어요.

02 다음 녹음을 듣고 내용이 그림과 맞으면 O, 맞지
않으면 ×를 하십시오.

1) 점심을 먹기 전에 커피를 마셨어요.
2) 보통 숙제를 하기 전에 텔레비전을 봐요.
3) 밥을 먹은 후에 이를 닦으세요.
4) 청소를 한 후에 음식을 만듭시다.
5) 어제는 책을 읽은 후에 잤어요.

03 다음 대화를 듣고 질문에 대답하십시오.

1) 여자 : 콜록…… . 콜록…… .
   남자 : 감기에 걸렸군요. 약은 먹었어요?
   여자 : 아니요. 그래서 지금 약을 사러 가요.
   문제 : 이 사람은 어디에 갑니까?

2) 직원 : 손님, 죄송합니다. 그 옷은 세일이 안 돼
          요.
   손님 : 다른 옷은 되는데 이 옷은 왜 안 돼요?
   직원 : 이 옷은 신상품이라서 세일을 안 합니다.
   문제 : 이 옷은 왜 세일을 안 합니까?

3) 비서 : 어떻게 오셨습니까?
   손님 : 사장님을 만나러 왔습니다.
   비서 : 지금 사장님은 외출을 하셔서 안 계십니

다. 이따가 다시 오시겠어요?
   손님 : 네.
   문제 : 이 사람은 사장님을 만났습니까?

4) 집주인 : 이쪽으로 앉으십시오.
   손님   : 고맙습니다.
   집주인 : 커피를 마시겠어요?
   손님   : 아뇨. 여기 오기 전에 마셔서 마시고
            싶지 않아요.
   문제   : 이 사람은 왜 커피를 안 마십니까?

5) 남자 : 영화가 몇 시에 시작해요?
   여자 : 5시 반에 시작해요.
   남자 : 음…… . 앞으로 30분 있네요. 그럼 영화
          를 본 후에 식사를 할까요?
   여자 : 네. 그럽시다.
   문제 : 지금은 몇 시입니까?

04 다음 대화를 듣고 빈칸에 들어갈 말을 써 넣으십
시오.

호진 : 미영 씨, 오늘 퇴근 후에 약속이 있어요?
미영 : 왜요?
호진 : 저한테 영화표가 있어요. 같이 보러 가지
       않겠어요?
미영 : 미안하지만 오늘은 선약이 있어서 안 돼요.
호진 : 그래요?
미영 : 저…… . 내일은 어때요? 내일은 약속이 없
       어서 괜찮은데.
호진 : 내일은 친구 생일이라서 안 돼요.
미영 : 그럼 다음에 같이 봐요.

Unit 12 졸업하면 어떻게 할 거예요?

01 다음 녹음을 듣고 빈칸에 쓰십시오.

1) 현금이 <u>없으면</u> 카드로 계산하십시오.
2) 스즈키 씨 <u>계시면</u> 부탁합니다.
3) 많이 <u>아프면</u> 병원에 가십시오.
4) 이번 주에 날씨가 <u>좋으면</u> 같이 놀러 갑시다.
5) 지금 출발하면 늦지 않을 거예요.
6) <u>멀지 않으면</u> 걸어갑시다.
7) 이번 달에 월급을 받으면 MP3를 사고 싶어요.
8) 만약 사이즈가 <u>맞지 않으면</u> 바꾸십시오.

02 다음 대화를 듣고 대화 내용과 맞으면 O, 맞지 않으면 ×를 하십시오.

1) 손님　　：카푸치노 하나 주세요.
   종업원 : 가져가실 거예요? 드시고 가실 거예요?
   손님　　：가져갈 거예요.
   문제　　：이 사람은 카푸치노를 커피숍에서 마시려고 합니다.

2) 여자 : 마이클 씨 뭐 드실 거예요?
   남자 : 저는 비빔밥이요.
   여자 : 그럼 저는 냉면을 먹겠어요.
   문제 : 마이클 씨는 비빔밥을 먹으려고 합니다.

3) 우진 : 카렌 씨, 이번 휴가에 어디에 가실 거예요?
   카렌 : 친구들하고 홍콩에 갈 거예요.
   우진 : 아, 좋겠어요. 저도 가고 싶어요.
   문제 : 카렌 씨는 이번 휴가에 집에 있을 거예요.

4) 남자 : 이번 주에 뭐 할 거예요?
   여자 : 글쎄요. 아직 계획이 없어요.
   남자 : 시간이 있으면 같이 스키를 타러 가시겠어요?
   여자 : 좋아요.
   문제 : 이 두 사람은 이번 주에 스키장에 가려고 합니다.

5) 민우 : 졸업하면 어떻게 할 거예요? 회사에서 일할 거예요?
   영이 : 아니요. 대학원에 가려고 해요. 민우 씨는 졸업 후에 회사에 들어갈 거예요?
   민우 : 네. 그래서 요즘 영어 공부를 열심히 하고 있어요.
   문제 : 민우 씨는 졸업 후에 대학원에 가려고 합니다.

03 녹음을 듣고 질문에 대답하십시오.

선생님 : 벌써 내일이면 방학이네요. 여러분은 방학 동안 뭘 할 거예요?
영호　 : 저는 방학 동안 아르바이트를 할 거예요. 그래서 다음 방학에 배낭여행을 가고 싶어요.
선생님 : 그래요? 민주 씨는요?

민주　 : 살이 너무 많이 쪄서 운동을 하려고 해요.
영호　 : 무슨 운동을 할 거예요?
민주　 : 아직 잘 모르겠어요. 그렇지만 요가나 수영을 하려고 해요.
선생님 : 저도 요가를 배우고 싶었는데 시간이 없네요.
민주　 : 그래서 저도 방학 때 배우려고요. 그런데 영호 씨는 무슨 아르바이트를 할 예거요?
영호　 : 내일부터 주유소에서 일할 거예요.
민주　 : 주유소요? 힘들겠네요.

Unit 13 **시원한 걸로 주세요.**

01 녹음을 들으십시오. 누가 누구에게 무엇을 주었습니까?

1) 스티브 씨는 민수 씨에게 장미를 줬어요.
2) 민수 씨는 리리 씨한테서 책을 받았어요.
3) 저는 스티브 씨 생일에 스티브 씨한테 CD를 선물했어요.
4) 스티브 씨는 민수 씨에게서 양말을 받았어요.
5) 저는 지난주에 리리 씨한테 초콜릿을 주었어요.
6) 민수 씨는 리리 씨에게 커피를 줬어요.
7) 저는 리리 씨에게서 컵을 받아서 기분이 정말 좋았어요.
8) 스티브 씨는 저한테 DVD를 줬어요.

02 다음 대화를 듣고 질문에 맞는 그림에 표시하십시오.

1) 남자 : 영애 씨는 어떤 케이크를 좋아하세요?
   여자 : 고구마로 만든 케이크를 좋아해요.

2) 여자 : 지난달에 집을 샀어요.
   남자 : 그래요? 좋겠네요. 그런데 어떤 집이에요?
   여자 : 정원이 있는 단독주택이에요. 나무가 많아서 좋아요.

3) 종업원 : 손님, 주문하시겠어요?
   손님　　：카페라떼 하나 주세요.
   종업원 : 차가운 걸로 드릴까요?
   손님　　：아니요. 따뜻한 걸로 주세요.

4) 남자 : 저 영화를 볼까요?

여자 : 무서운 영화는 싫어요. 재미있는 영화를
　　　봅시다.
남자 : 좋아요. 그럼, 이 영화를 봅시다.

5) 여자 : 저기 치마를 입은 분이 영준 씨 여자친
　　　구예요?
남자 : 네. 긴 치마를 입고 있어요.

6) 남자 : 어제 아버지 생일이었죠?
여자 : 네.
남자 : 아버지한테 무슨 선물을 드렸어요?
여자 : 날씨가 추워서 따뜻한 장갑을 선물했어
　　　요.

3 녹음을 듣고 다음 질문에 대답하십시오.

(기내에서)
승무원 : 음료수는 무엇으로 드릴까요?
승객　 : 뭐가 있어요?
승무원 : 콜라, 사이다, 주스, 와인, 맥주, 커피
　　　　가 있습니다.
승객　 : 녹차는 없어요?
승무원 : 있습니다. 따뜻한 걸로 드릴까요?
승객　 : 아니요. 시원한 걸로 주세요.
승무원 : 네. 손님, 여기 있습니다.
승객　 : 그리고 오랜만에 비행기를 타서 머리가
　　　　좀 아파요. 두통약이 있으면 좀 주시겠어
　　　　요?
승무원 : 네, 알겠습니다. 더 필요한 건 없으십니
　　　　까?
승객　 : 네.

1 녹음을 듣고 맞는 것에 표시하십시오.

1) 남자 : 내일 날씨가 어떨까요?
여자 : 아마 눈이 올 거예요.

2) 여자 : 이번 주에 홍콩에 가려고 해요. 비행기
　　　표가 있을까요?
남자 : 벌써 화요일이에요. 그러니까 아마 표
　　　가 없을 거예요.

3) 남자 : 이 영화가 재미있을까요?
여자 : 사람들이 많이 봤어요. 그러니까 아마

재미있을 거예요.

4) 여자 : 다음달에 베트남에 여행 가고 싶어요.
　　　날씨가 좋을까요?
남자 : 여름이니까 더울 거예요.

5) 여자 : 백화점 세일을 시작했을까요? 아직 세
　　　일이면 코트를 사고 싶어요.
여자 : 잘 모르겠지만 시작했을 거예요.

2 다음 대화를 듣고 대화 내용과 맞는 것을 고르십
시오.

1) 남자 : 이 영화가 재미있을까요?
여자 : 잘 모르겠지만 사람들이 많이 봐요. 지
　　　난주에도 이 영화를 보려고 했는데 표가
　　　없었어요.

2) 여자 : 내일 소풍을 갈 거예요. 날씨가 좋을까
　　　요?
남자 : 어제 뉴스에서 "이번 주말까지 날씨가
　　　좋지 않겠습니다"라고 말했어요.

3) 여자1 : 내일 미국에서 손님이 와요. 무슨 요리
　　　　가 좋을까요?
여자2 : 보통 외국사람들은 삼겹살이나 갈비를
　　　　좋아해요.
여자1 : 감자탕은 어때요?
여자2 : 그건 좀 매워요.

4) 남자 : 지난주 과장님 결혼식에 갔어요?
여자 : 네.
남자 : 과장님은 몇 년 전부터 결혼하고 싶어했
　　　어요. 정말 잘됐어요.

5) 남자 : 가죽재킷을 하나 사고 싶어요. 보통 얼
　　　마쯤 해요?
여자 : 백화점에서 사면 보통 50~60만 원 해
　　　요.
남자 : 너무 비싸요.
여자 : 그래서 사람들이 동대문 시장에서 많이
　　　사요.

3 녹음을 듣고 다음 질문에 대답하십시오.

손님 : 일본에 짐을 좀 부치려고 해요.
직원 : 국제 우편은 3번 창구로 가세요.

(3번 창구에서)
직원 : 포장은 잘 하셨어요? 안에 깨지는 물건은
　　　없어요?

손님 : 깨지는 물건은 없고 대부분 책하고 옷이에
요.
직원 : 포장을 다 하셨으면 이 종이에 내용물을 적
으세요.
손님 : 다 적었어요.
직원 : 배로 보내실 거예요? 비행기로 보내실 거예
요?
손님 : 배로 보내면 얼마나 걸릴까요?
직원 : 한 20일 정도 걸릴 거예요. 비행기는 일주
일 안에 도착해요.
손님 : 그럼 비행기로 보내겠어요.

Unit 15 머리를 어떻게 해 드릴까요?

1 녹음을 듣고 그림과 맞으면 O, 맞지 않으면 X를
하십시오.

1) 잘 모르는 문제를 선생님이 친절하게 설명해 주
셨어요.
2) 경찰이 할아버지한테 길을 가르쳐 드렸어요.
3) 아버지는 어머니 생일에 어머니한테 목걸이를
선물해 주셨어요.
4) 제가 동생에게 맛있는 스파게티를 만들어 줬어
요.
5) 오빠하고 저는 어버이날에 부모님한테 카네이
션을 사 드렸어요.
6) 제 친구는 밸런타인데이에 남자친구한테 초콜
릿을 만들어 줬어요.

2 다음 대화를 듣고 이어질 대화로 알맞은 것을 고
르십시오.

1) 여자 : 커피에 설탕을 얼마나 넣어 드릴까요?
남자 : _______________________________.

2) 부인 : 서울은 요즘 너무 추워요. 그런데 중국
은 어때요?
남편 : 중국도 많이 춥지만 괜찮아요.
부인 : 음식은 어때요?
남편 : 괜찮지만 가끔 김치가 먹고 싶어요. 그
렇지만 여기에서는 너무 비싸요.
부인 : _______________________________.

3) 직원 : 여보세요, 서울한국어아카데미입니다.

학생 : 저는 마이클이에요. 김 선생님 계세요?
직원 : 네. 지금 계세요.
학생 : _______________________________?

4) 직원 : 김부장님 오늘 갑자기 회사에 일이
생겼어요. 그래서 약속시간을 바꾸
고 싶어요. 괜찮아요?
김부장 : 네? 잘 안 들려요.
직원 : 오늘 갑자기 일이 생겨서 약속시간
을 바꾸고 싶어요. 괜찮아요?
김부장 : 네? 좀 크게 _______________.

5) 남자 : 전자사전을 사고 싶어요. 어디에 가면
싸요?
여자 : 용산이나 테크노마트에 가면 쌀 거예요.
남자 : 그렇지만 거기는 가 보지 않아서 잘 몰
라요.
여자 : 그래요? 그럼 같이 _______________.

3 녹음을 듣고 맞으면 O, 틀리면 X를 하십시오.

미용사 : 머리를 어떻게 해 드릴까요?
손님 : 짧게 잘라서 파마를 하고 싶은데요.
미용사 : 이미 머리가 많이 상해서 여기서 또 파마
하면 안 좋을 거예요.
손님 : 그래요? 그럼 어떻게 하는 게 좋을까요?
미용사 : 상한 부분은 다 자르시고 다듬으세요. 파
마는 다음에 하세요.
손님 : 그럼 염색도 안 하는 게 좋겠네요?
미용사 : 네. 그게 좋을 거예요.
손님 : 그래요? 그럼 그렇게 해 주세요.

문제 : 1) 이 여자는 머리를 자르러 미용실에 갔
습니다.
2) 이 여자는 오늘 머리도 자르고 파마도
할 겁니다.
3) 이 여자는 염색은 하지 않으려고 합니
다.

Unit 16 나중에 다시 전화하겠습니다.

1 녹음을 듣고 문장 안에 있는 단어를 고르십시오.

1) 이 사람은 제 (친구인데) 다음 달에 유학을 가
요.
2) 제가 어제 신발을 (샀는데) 어때요?

3) 내일부터 (휴가인데) 뭘 할 거예요?

4) 이 책을 친구한테서 선물로 (받았는데) 재미있
   었어요.

5) 한국에 오기 전에는 자주 (운동했는데) 한국에
   서는 안 해요.

02 다음 대화가 내용과 맞으면 ○, 맞지 않으면 ×를
하십시오.

1) 남자 : 여보세요. 최수정 씨 댁입니까?

   여자 : 네, 그런데요.

   남자 : 최수정 씨 좀 바꿔 주세요.

   여자 : 지금 안 계신데 실례지만 누구세요?

   남자 : 저는 친구인데 나중에 다시 전화하겠
          습니다.

   문제 : 최수정 씨한테 전화했는데 집에 없습
          니다.

2) 남자 : 여보세요? 거기 롯데호텔이지요? 308
          호실 좀 부탁합니다.

   직원 : 네.

   (잠시 후에)

   직원 : 지금 통화 중인데요. 잠시 후에 다시
          걸어 주시겠어요?

   남자 : 네, 알겠습니다.

   문제 : 308호실에 전화했지만 308호실은 통
          화 중이었습니다.

3) 최창기 : 여보세요? 동양무역의 최창기입니다.

   김희경 : 저는 김희경인데 김성호 씨 부탁합니
            다.

   최창기 : 김성호 씨는 외출했는데요.

   김희경 : 그래요? 그럼 몇 시쯤 돌아오실까요?

   최창기 : 글쎄요. 잘 모르겠는데요.

   김희경 : 그럼 김성호 씨에게 메모 좀 전해 주
            시겠어요?

   최창기 : 네, 말씀하십시오.

   문제 : 김성호 씨한테 전화했지만 외출 중이
          라서 통화를 할 수 없었습니다.

4) 수잔 : 여보세요? 정은식 선생님 계십니
          까?

   이선생님 : 네, 잠깐만 기다리세요.

   (잠시 후에)

   정 선생님 : 여보세요? 전화 바꿨습니다.

   수잔 : 선생님, 안녕하세요? 저 수잔인데

요.

   정 선생님 : 아, 수잔 씨. 왜 어제 학교에 안 왔
               어요?

   수잔 : 어제 너무 아팠어요. 그런데 선생
          님 어제 숙제가 뭐예요?

   문제 : 이 학생은 숙제를 몰라서 전화했습
          니다.

5) 점원 : 안녕하세요? 도미노피자입니다.

   손님 : 역삼동 한마음아파트 4동 109호인데요.
          컴비네이션 피자 라지 하나하고 콜라 하
          나 갖다 주세요.

   점원 : 네, 컴비네이션 피자 라지 사이즈하고
          콜라 하나 주문하셨지요? 30분 이내로
          배달해 드리겠습니다.

   문제 : 주소는 한마음아파트 3동 109호입니다.

03 다음은 수잔 씨가 미영 씨에게 보낸 이메일입니다.
녹음을 듣고 맞으면 ○, 틀리면 ×를 하십시오.

미영 씨, 안녕하세요? 저 수잔인데 그동안 잘
지냈어요?

저도 잘 지내고 있어요. 올해 회사에 들어가서
아주 바빴어요. 그래서 미영 씨한테도 연락을 자주
할 수 없었어요.

한국에서 돌아온 후 한국어 공부를 안 해서 지
금은 많이 잊어버렸어요. 계속 공부하고 싶었지만
시간이 없었어요. 그렇지만 시간이 생기면 한국어
공부를 다시 할 거예요.

다음 주는 휴가예요. 그래서 다음 주에 한국에
여행을 가는데 시간이 있으면 같이 식사할 수 있어
요? 저는 다음 주 목요일 저녁에 한국에 도착할 거
예요. 그래서 주말에 만나고 싶은데 괜찮아요?

Unit 17 **어디에서 달러를 바꿀 수 있어요?**

01 다음 녹음을 듣고 맞는 그림을 고르십시오.

1) 남자 : 스키를 탈 수 있어요?

   여자 : 네, 초등학교 때부터 탔어요. 우리 같
          이 타러 갈까요?

2) 남자 : 주말에 영화 보러 갈 수 있어요?

   여자 : 네, 무슨 영화를 볼까요?

3) 여자 : 문을 열 수 있어요?

　　남자 : 아니요, 열쇠가 없어서 못 열어요.

4) 여자 : 오늘까지 이 일을 다 끝낼 수 있어요?

　　남자 : 일이 많아서 다 못 끝낼 것 같은데요.

5) 남자 : 아, 카메라를 안 가져왔네……

　　여자 : 괜찮아요. 제 핸드폰으로 사진 찍을 수
　　　　　있어요.

02 다음 녹음을 듣고 질문에 대답하십시오.

1) 은행원 : 어서 오십시오.

　　손님　 : 어디에서 달러를 바꿀 수 있어요?

　　은행원 : 9번 창구로 가십시오.

　　문제　 : 몇 번 창구로 갑니까?

2) 손님　 : 500달러를 한국 돈으로 바꾸고 싶은데
　　　　　　1달러에 얼마입니까?

　　은행원 : 오늘은 1달러에 1,015원입니다. 500
　　　　　　달러는 507,500원입니다.

　　문제　 : 돈을 얼마를 바꾸려고 합니까?

3) 은행원 : 무엇을 도와 드릴까요?

　　손님　 : 전화요금을 내려고 하는데요.

　　은행원 : 공과금은 저기에 있는 기계에서 내십
　　　　　　시오.

　　문제　 : 손님은 무엇을 하러 왔습니까?

4)　돈을 찾을 때는 먼저 카드를 넣고 비밀번호를
　　누릅니다. 그리고 출금 단추를 누른 다음에 금
　　액을 누릅니다. 현금으로 찾고 싶으면 현금을,
　　수표로 찾으려면 수표 장수를 누르면 돈이 나옵
　　니다.

　　문제　 : 이것은 무엇을 할 때의 설명입니까?

5) 은행원 : 손님 무엇을 도와 드릴까요?

　　손님　 : 새 돈으로 바꾸고 싶은데요.

　　은행원 : 어떻게 바꿔 드릴까요?

　　손님　 : 만 원짜리 12장하고 5천 원짜리 10장,
　　　　　　그리고 나머지 천 원짜리 6장으로 주
　　　　　　세요.

　　문제　 : 5천 원짜리는 몇 장 필요합니까?

03 녹음을 듣고 맞는 것을 고르십시오.

여자1 : 어디에 가요?

여자2 : 은행에 공과금을 내러 가요.

여자1 : 자동이체를 안 했어요?

여자2 : 네? 그게 뭐예요?

여자1 : 자동이체를 신청하면 공과금을 낼 때마다
　　　　 은행에 안 가도 돼요.

여자2 : 그래요? 편리하네요.

04 녹음을 듣고 쓰십시오.

손　 님 : 달러를 한국 돈으로 바꾸고 싶은데요.

은행원 : 이 신청서를 쓰세요. 그리고 신분증이나
　　　　 여권을 주세요. 돈은 현금으로 드릴까요?
　　　　 수표로 드릴까요?

손　 님 : 백만 원은 십만 원짜리 수표로 주시고, 나
　　　　 머지는 만 원짜리로 주세요.

은행원 : 네, 알겠습니다. 여기 있습니다.

Unit 18 **저 까만색 구두를 보여주세요.**

01 녹음을 듣고 맞는 그림을 고르십시오.

1) 남자 : 부모님이 서울에 오시는데 어디를 구경
　　　　 하면 좋을까요?

　　여자 : 투어버스를 타 보세요. 싸게 구경할 수
　　　　　있어요.

　　문제 : 부모님은 어떻게 서울 구경을 하려고 합
　　　　　니까?

2) 여자 : 연락을 기다리고 있는데 연락이 없어요.

　　남자 : 한번 전화해 보세요.

　　문제 : 이 사람은 어떻게 연락을 합니까?

3) 여자1 : 어제 사진에서 본 남자 만나 보겠어요?

　　여자2 : 키가 크고 안경 쓴 남자요?

　　문제　 : 이 여자가 만나려고 하는 남자는 어떤
　　　　　　사람입니까?

4) 손님 : 이 치마가 저한테 어울릴까요?

　　점원 : 어울릴 것 같은데 한번 입어 보시겠어
　　　　　요?

　　문제 : 지금 무엇을 보고 있습니까?

5) 여자 : 마이클 씨, 한국음악에 관심이 있어요?

　　남자 : 아니요, 저는 한국영화는 좋아하는데 한
　　　　　국음악은 관심이 없어요.

　　여자 : 그럼 제가 한국영화 DVD를 빌려 드릴
　　　　　까요?

문제 : 이 여자는 남자에게 무엇을 빌려 주려고
　　　합니까?

6) 환자 : 얼굴이 빨갛고 가려워요.
　　의사 : 어디 봅시다. 음……. 알레르기인데 일
　　　　단 바르는 약을 드릴 테니까 아침, 저녁
　　　　으로 얼굴에 바르세요.
　　문제 : 의사는 환자에게 어떤 약을 주었습니까?

7) 여자 : 한국에서 무엇을 하고 싶어요?
　　남자 : 태권도를 배워 보고 싶어요.
　　문제 : 이 사람이 배우고 싶은 것은 무엇입니
　　　　까?

2 녹음을 듣고 질문에 대답하십시오.
1) 점원 : 손님, 어떤 신발을 찾으십니까?
　　손님 : 저기 있는 구두 좀 보여 주세요.
　　점원 : 이 하얀색 말씀이십니까?
　　손님 : 아니요, 그 옆에 있는 까만색 구두요.
2) 손님 : 이건 저한테 조금 큰 거 같은데요.
　　점원 : 그럼 한 사이즈 작은 235를 신어 보세
　　　　요.
3) 점원 : 손님, 그 구두가 마음에 드세요?
　　손님 : 네, 까만색보다 이게 더 좋은데요.
　　점원 : 여기 같은 색으로 끈이 없는 것도 있어
　　　　요.
　　손님 : 저는 끈이 있는 게 더 마음에 드네요. 그
　　　　런데 이 양복에 갈색이 어울릴까요?

3 녹음을 듣고 맞는 것을 고르십시오.
　손님 : 남자 구두를 사려고 하는데요. 어떤 게 좋
　　　　을까요?
　점원 : 신으실 분 연세가 어떻게 되세요?
　손님 : 70대 할아버지인데요.
　점원 : 보통 끈 있는 구두를 많이 찾으시는데, 요
　　　　즘은 끈이 없는 스타일도 인기가 있어요.
　손님 : 이것도 괜찮은데 마음에 들지 모르겠네요.
　점원 : 그럼 끈이 없는 모양으로 하시겠어요?
　손님 : 네, 265 사이즈로 주세요. 신어 보고 안 맞
　　　　으면 바꿀 수 있어요?
　점원 : 네, 크거나 작으면 교환해 드립니다.

1 녹음을 듣고 맞는 그림을 고르십시오.
1) 남자 : 김치찌개, 삼계탕, 비빔냉면……. 이 중
　　　　에서 뭘 드시겠어요?
　　여자 : 저는 매운 것을 못 먹으니까 삼계탕이
　　　　좋겠네요.
2) 남자 : 동생도 키가 커요?
　　여자 : 아니요, 저보다 작아요.
3) 남자 : 아키코 씨, 고향이 어디예요?
　　여자 : 교토예요.
　　남자 : 교토는 겨울에 추워요?
　　여자 : 서울보다는 따뜻해요.
4) 엄마 : 중국, 한국, 일본 중에서 인구가 제일 많
　　　　은 나라가 어디지요?
　　아들 : 세 나라 중에서 중국이 제일 많아요.
5) 엄마 : 알프스 산이 높아요? 에베레스트 산이
　　　　높아요?
　　아들 : 에베레스트 산이 더 높아요.

2 다음 대화를 듣고 질문에 대답하십시오.
1) 남자 : 무슨 사진이에요?
　　여자 : 우리 가족 사진이에요.
　　남자 : 이 사람은 누구예요?
　　여자 : 우리 오빠인데요. 우리 가족 중에서 제
　　　　일 키가 커요.
　　남자 : 이 옆에 있는 귀여운 여자 아이는 누구
　　　　예요?
　　여자 : 제 동생이에요.
　　문제 : 가족 중에서 키가 제일 큰 사람은 누구
　　　　입니까?
2) 민수 : 수미 씨 디지털카메라 사셨어요? 저도
　　　　지난주에 샀는데 얼마짜리예요?
　　수미 : 45만 원이에요. 민수 씨는요?
　　민수 : 제 건 수미 씨 것보다 싸요. 30만 원짜
　　　　리예요.
　　문제 : 수미 씨의 카메라는 어느 것입니까?
3) 진아 : 영미 씨 신발 사려고요?
　　수미 : 네, 운동화를 사려고 하는데 발이 커서
　　　　맞는 것을 사기가 힘들어요. 진아 씨는
　　　　발이 작아서 좋겠어요.
　　민수 : 저는 255미리(밀리)를 신어요. 그런데

영미 씨는 발이 몇이에요?

영미 : 저는 250을 신어요.

문제 : 영미 씨의 발은 사이즈가 얼마입니까?

3 녹음을 듣고 질문에 대답하십시오.

1) 손님 : 버스를 타면 어디를 구경할 수 있어요?

직원 : '도심순환 코스' 하고 '고궁 코스' 가 있
　　　어요.

손님 : 어떤 게 좋아요?

직원 : '도심순환 코스' 보다 '고궁 코스' 가 시
　　　간이 적게 걸려요.

손님 : 그래요? 그럼 고궁코스를 2장 주세요.

문제 : 1) 손님은 무슨 버스를 탑니까?
　　　2) 표를 몇 장 샀습니까?

2) 남자 : 이번 주말에 일본에서 친구가 오는데 어
　　　디가 좋아요?

여자 : 전통문화에 관심이 있으면 인사동이나
　　　민속촌이 좋을 것 같은데요.

남자 : 전에 다 가 봤어요.

여자 : 아, 그래요? 그럼 그 친구가 쇼핑이나
　　　노는 걸 좋아하면 홍대입구는 어때요?

남자 : 그게 좋겠네요.

문제 : 1) 친구하고 어디에 가려고 합니까?
　　　2) 왜 거기에 가려고 합니까?

3) 여자 : 대장금 테마파크에 어떻게 가요?

남자 : 지하철을 타고 의정부까지 가서 버스나
　　　택시를 타고 가세요. 아이들이 있으면
　　　버스보다 택시가 좋을 거예요. 택시로 5
　　　천 원쯤 들 거예요.

문제 : 1) 택시를 타면 얼마입니까?
　　　2) 의정부까지 어떻게 갑니까?

4 녹음을 듣고 맞으면 ○, 틀리면 ×를 하십시오.

여자 : 안동에 왔으니까 하회탈춤을 보고 싶은데
　　　볼 수 있어요?

남자 : 토요일하고 일요일에만 구경할 수 있어요.

여자 : 그럼 오늘은 못 보겠네요.

남자 : 네, 오늘은 목요일이니까 안 해요.

문제 : 1) 오늘은 금요일입니다.
　　　2) 오늘은 탈춤을 볼 수 없습니다.
　　　3) 하회탈춤을 보고 싶어합니다.

4) 경주에 여행을 갔습니다.

5) 구경한 곳 중에서 하회마을이 제일 좋았
　　습니다.

01 녹음을 듣고 내용과 맞으면 ○, 맞지 않으면 ×를
하십시오.

1) 여자 : 비가 오는데 택시를 타고 갈까요?

남자 : 길이 막히니까 지하철을 탑시다.

여자 : 그럽시다.

문제 : 이 사람들은 차가 많아서 지하철을 탑니
　　다.

2) 남자 : 갈비가 맛있네요. 그런데 벌써 다 먹었
　　네요. 일인분 더 시킬까요?

여자 : 저는 괜찮은데 케빈 씨 더 먹고 싶으면
　　　시키세요.

남자 : 아니요. 저도 배불러요.

여자 : 그럼 배부르니까 시키지 맙시다.

문제 : 이 사람들은 갈비가 맛있어서 일인분을
　　더 시켰습니다.

3) 손님 　 : 감자탕 '대' 짜는 몇 사람이나 먹을
　　　　수 있어요?

종업원 : 한 4명이나 5명 정도 드실 수 있어
　　　요. 그런데 손님은 세 분이니까 '중'
　　　짜를 드세요.

손님 　 : 네. 그럼 '중' 짜로 주세요.

문제 　 : 이 손님들은 감자탕 '대' 짜가 너무 많
　　　아서 '중' 짜를 주문했습니다.

4) 손님 : 여기 계산해 주세요.

점원 : 마일리지카드 있으세요?

손님 : 아뇨.

점원 : 저희 가게에 처음이세요?

손님 : 네.

점원 : 마일리지가 5만 원이 되면 할인해 드
　　　리니까 하나 만드세요.

손님 : 그럼 만들어 주세요.

문제 : 이 손님은 할인을 받으려고 마일리지 카
　　드를 만들었습니다.

5) 손님 : 여기 맥주 3병하고 오징어 하나 주세요.

   점원 : 맥주 3병하고 오징어 하나를 세트로 시
   키면 더 싸니까 세트로 시키세요.

   손님 : 그래요? 그럼 세트로 주세요.

   점원 : 네.

   문제 : 이 손님은 싸기 때문에 세트로 시켰습니
   다.

02 다음 대화를 듣고 아래 칸에 표시하십시오.

   은미　　 : 게이코 씨는 전주에 간 적이 있어요?

   게이코 : 아니요, 아직 없어요. 가 보고 싶은데 은
   미 씨는 가 보셨어요?

   은미　　 : 네. 작년에 갔어요. 그때 전주비빔밥도
   먹어 봤는데 게이코 씨도 먹어 본 적이 있
   어요?

   게이코 : 네. 먹어 봤어요. 그리고 비빔밥을 집에
   서 만들어 본 적도 있어요.

   은미　　 : 정말요? 한국음식도 만들 수 있어요?

   게이코 : 네. 한국음식도 배운 적이 있어요.

   은미　　 : 정말 대단해요. 그럼 김치도 담글 수 있
   어요?

   게이코 : 아니요. 김치는 아직 담가 본 적이 없어
   요. 은미 씨는 김치를 담글 수 있어요?

   은미　　 : 아니요. 저는 요리를 전혀 안 해요.

   게이코 : 그래요? 저는 요리하는 걸 좋아해서 김
   치 담그는 법도 배워 보고 싶어요.

03 녹음을 듣고 질문에 답하십시오.

   안내원 : 안녕하세요? 무엇을 도와 드릴까요?

   관광객 : 서울에 여행 왔는데 어디가 좋아요?

   안내원 : 경복궁이나 창덕궁은 가 보셨어요?

   관광객 : 경복궁은 가 본 적이 있지만 창덕궁은 아
   직 안 가 봤어요.

   안내원 : 그럼 창덕궁이 어때요? 창덕궁은 유네스
   코 세계문화유산인데 외국어로 설명을 해
   줘요.

   관광객 : 그래요? 몇 시까지 열죠?

   안내원 : 겨울에는 5시까지 여는데…… 아 벌써
   5시네요! 오늘은 안 되겠네요.

   관광객 : 보통 몇 시에 열어요?

   안내원 : 10시에 여는데 들어가는 시간이 정해져
   있으니까 먼저 시간을 확인하세요.

   관광객 : 네, 고맙습니다.

Unit 21　이 보관함을 사용해도 돼요.

01 녹음을 듣고 내용과 맞는 그림을 골라 번호를 쓰
십시오.

   1) 여자 : 여기에서 사진을 찍어도 돼요?

   　 남자 : 아니요. 사진을 찍으면 안 됩니다.

   2) 남자 1 : 담배를 피워도 됩니까?

   　 남자 2 : 죄송하지만 여기는 금연입니다.

   3) 여자 : 여기에 주차해도 됩니까?

   　 남자 : 이 건물에 볼일이 있으세요?

   　 여자 : 네, 1층 은행에 가려고 해요.

   　 남자 : 그럼 주차하실 수 있습니다. 오실 때
   　 주차권을 받아오세요.

   4) 의사 : 술, 담배, 고기는 먹지 않는 게 좋습니
   　 다.

   　 환자 : 맥주도 안 됩니까?

   　 의사 : 맥주는 술이 아니에요? 마시면 안 돼요.

   5) 손님 : 현금이 없는데 수표로 계산해도 될까요?

   　 점원 : 그럼요. 신분증 좀 보여 주시겠어요?

02 녹음을 듣고 맞는 것에 표시하십시오.

   1) 남자 : 여기에 앉아도 됩니까?

   　 여자 : 죄송하지만 자리가 있는데요.

   2) 손님 : 이 바지를 어제 샀는데 아이한테 맞지
   　 않아요. 환불해도 될까요?

   　 직원 : 네, 그럼요.

   3) 남자 1 : 시간이 없는데 여기에서 음식을 시켜
   　 먹어도 돼요?

   　 남자 2 : 사무실에서는 시켜 먹으면 안 돼요.

   　 남자 1 : 그래요? 그럼 빵은 먹어도 돼요?

   　 남자 2 : 빵은 괜찮아요.

   4) 손님 : 이거 먹어 봐도 돼요?

   　 직원 : 그럼요. 오늘 아침에 제주도에서 가져
   　 온 귤이라서 신선하고 맛있어요.

   5) 한국여자 : 마크 씨, 빨간 색으로 이름을 쓰면
   　 안 돼요.

   　 외국남자 : 왜요?

   　 한국여자 : 한국에서는 빨간 색으로 이름을 쓰
   　 지 않아요.

   　 외국남자 : 아, 그래요? 그럼 파란 색으로 쓰는
   　 건 괜찮지요?

한국여자 : 네. 괜찮아요..

03 녹음을 듣고 질문에 대답하십시오.

남자 : 짐이 너무 많아서 힘든데……. 이 근처에
　　　보관함이 없을까요?
여자 : 지하철역이니까 아마 있을 거예요.
남자 : 아, 저기 보관함이 있네요. 저 보관함에 넣
　　　을까요?
여자 : 좋아요.
남자 : 그런데 짐이 너무 많아서 안 들어가는데요.
여자 : 그러면 좀 더 큰 보관함에 넣읍시다. 아, 저
　　　기 있네요.
남자 : 그런데 이건 1,000원인데 지폐는 안 되네
　　　요. 500원짜리가 하나밖에 없는데 미영 씨
　　　500원짜리 있어요?
여자 : 저도 없는데……. 제가 500원짜리 동전으
　　　로 바꿔 올게요. 잠깐만 기다리세요.
남자 : 네.

Unit 22 **다른 학생이 빌려 가서 아직 안 가져
왔는데요.**

01 녹음을 듣고 맞는 그림을 고르십시오.

1) 남자 : 배가 고픈데 점심 먹으러 갈까요?
　　여자 : 좋아요. 그런데 어디에서 먹을까요?
　　남자 : 가까운 식당에 가서 먹읍시다.

2) 남자1 : 수업 후에 뭐 할 거예요?
　　남자2 : 친구를 만나서 영화를 볼 거예요.

3) 남학생 : 다음 주에 선생님 생일인데 어떻게 할
　　　　　까요?

　　남학생 : 우리 같이 돈을 모아서 선물합시다.
　　　　　어때요?

　　남학생 : 네. 좋아요.

4) 여자1 : 어제 집에 가서 뭐 했어요?
　　여자2 : 너무 피곤해서 집에 가서 목욕하고 쉬
　　　　　었어요.

5) 부인1 : 김치는 만들어서 드세요?
　　부인2 : 아니요. 김치를 만들기가 힘들어서 보
　　　　　통 사서 먹어요.

6) 여학생 : 집에 가세요?
　　남학생 : 아니요, 도서관에 가서 책을 읽을 거
　　　　　예요.

02 녹음을 듣고 맞는 것을 표시하십시오.

1) 여자 : 마이클 씨는 한국에 오기 전에 미국에서
　　　　한국말을 배웠어요?
　　남자 : 아니요. 한국에 와서 배우기 시작했어
　　　　요.

　　문제 : 마이클 씨는 어디에서 한국말을 배웠습
　　　　니까?

2) 여자1 : 여기서 가까운데 걸어서 갈까요?
　　여자2 : 좀 추운데 택시를 타는 게 어때요?
　　여자1 : 그래요? 그럼 그렇게 합시다.

　　문제 : 이 사람들은 왜 택시를 타려고 합니까?

3) 여자 : 정민 씨, 사무실에서는 금연이니까 흡연
　　　　실에 가서 피우시겠어요?
　　남자 : 아, 죄송해요. 그런데 흡연실이 어디에
　　　　있어요?
　　여자 : 화장실 옆에 있어요.

　　문제 : 이 대화의 장소는 어디입니까?

4) 여자 : 강남역에 가는데 어떻게 가요?
　　남자 : 다음 역에서 내려서 지하철 2호선으로
　　　　갈아타세요.
　　여자 : 네, 고맙습니다.

　　문제 : 이 사람은 몇 호선으로 갈아탑니까?

5) 아내 : 집에 먹을 것이 없는데 오늘은 자장면이
　　　　나 시켜 먹을까요?
　　남편 : 그럴까? 그럼 나는 볶음밥을 시켜 줘요.
　　아내 : 알았어요. 지금 시킬게요.

　　문제 : 이 사람들은 어디에 전화를 하려고 합니
　　　　까?

03 다음 대화를 듣고 질문에 답하십시오.

학생 : 저기 실례지만 책 좀 찾아 주시겠어요?
사서 : 무슨 책인데요?
학생 : 제목이 '한국의 역사' 예요.
사서 : 잠깐만 기다리세요. (조금 후에) 이 책은
　　　지난주에 다른 학생이 빌려 가서 아직 안 가
　　　져왔는데요.
학생 : 그래요? 그럼 언제까지 반납이에요?

사서 : 다음 주 월요일까지 반납이니까 그때 와 보
세요.
학생 : 네. 그런데 만약 그 학생이 일찍 반납하면
저한테 연락 좀 주시겠어요?
사서 : 네. 알겠습니다. 그럼 여기에 전화번호를
써 주시겠어요?
학생 : 네. 여기 있어요. 그럼 부탁해요.

Unit 23 핸드폰이 고장 났어요.

01 다음 대화를 듣고 맞는 그림을 고르십시오.

1) 남자 : 내일 여행을 가는데 날씨가 어떨까요?
여자 : 어머, 여행 가세요? 좋겠어요. 그런데
비 올 것 같은데 어떡해요?

2) 여자 : 마이클 씨가 오늘 왜 안 왔을까요?
남자 : 감기에 걸려서 안 온 것 같아요.

3) 여자 : 내일 영화 볼까요?
남자 : 좋아요. 그런데 주말이라서 사람이 많을
거 같아요.
여자 : 그럼 제가 오늘 예매할게요.

4) 여자 : 다나카 씨, 한국말 공부하고 있네요.
남자 : 네, 내일 시험이 있어서요. 그런데 시험
이 어려울 것 같아요.

5) (핸드폰 소리)
남편 : 여보, 전화 온 것 같은데…… . 당신 핸드
폰 소리 아니에요?
아내 : 아니에요. TV에서 나는 소리예요.

02 다음 대화를 듣고 질문에 답하십시오.

남자 : 혜진 씨, 제 책상 좀 봐 주시겠어요? 핸드폰
을 두고 나왔거든요.
여자 : 핸드폰 여기 있어요. 그런데 아까 전화가
와서 제가 받았어요.
남자 : 그래요? 누구한테서 왔어요?
여자 : 마리코 씨한테서 전화가 왔는데 오늘 약속
시간을 7시로 바꾸고 싶어했어요.
남자 : 전화 온 지 얼마나 됐는데요?
여자 : 두 시간쯤 된 것 같아요.
남자 : 그래요? 7시에는 다른 약속이 있는데 어떡
하지.

문제 : 1) 마리코 씨는 이 남자한테 왜 전화를 했습
니까?
2) 이 남자는 왜 직접 전화를 받지 못했습니
까?

03 다음 대화를 듣고 질문에 답하십시오.

직원 : 어서 오세요? 뭘 도와 드릴까요?
손님 : 핸드폰이 이상해서요. 고장 난 것 같은
데…… .
직원 : 어디가 이상한데요?
손님 : 소리도 잘 안 들리고 통화 중에 자꾸 끊어
져요.
직원 : 산 지 얼마나 됐어요?
손님 : 아직 1년밖에 안 됐어요.
직원 : 그럼, 일단 핸드폰을 두고 가세요. 한번 검
사해 볼게요.

문제 : 1) 핸드폰에 무슨 문제가 있습니까?
2) 핸드폰을 언제 샀습니까?

04 다음 대화를 듣고 맞으면 O, 틀리면 X를 하십시
오.

남자 : 저기요, 여기 주문한 지 20분이 넘었는데
아직 음식이 안 나왔어요.
여자 : 아, 그래요? 잠시만 기다려 주세요. 확인해
드리겠습니다.

(조금 후에)
여자 : 손님, 죄송합니다. 지금 주문이 밀려서요.
조금만 더 기다려 주시겠어요?
남자 : 얼마나 더 기다려야 하는데요?
여자 : 10분정도면 될 것 같은데요.
남자 : 그럼 취소해 주세요. 저희가 좀 바빠서요.
다음에 다시 올게요.
여자 : 죄송합니다. 다음에 오시면 잘 해 드릴게요.

Unit 24 적립카드를 만드세요.

01 다음 녹음을 듣고 맞는 그림을 고르십시오.

1) 오늘 운동장에서 농구를 했는데 농구할 때 비가
왔습니다.
2) 어제 커피숍에서 친구를 기다릴 때 숙제를 했습

니다.

3) 인천 공항에서 서울에 올 때 리무진버스를 타고
   왔어요.

4) 저는 초등학생 때 피아노를 배웠어요.

5) 여행할 때 좋은 친구를 많이 사귀었어요.

02 다음 대화를 듣고 질문에 맞는 대답을 고르십시
오.

1) 여자 : 피곤할 때 뭐 하세요?

   남자 : 저는 피곤하면 뜨거운 물로 목욕하고
   일찍 자요.

   문제 : 이 남자는 피곤하면 무엇을 합니까?

2) 여자 : 감기에 걸렸을 때는 어떻게 하세요?

   남자 : 저는 물을 많이 마셔요.

   문제 : 이 남자는 감기에 걸리면 어떻게 합니
   까?

3) 여자 : 기분이 안 좋을 때는 어떻게 하세요?

   남자 : 저는 친구하고 얘기해요.

   문제 : 이 남자는 기분이 안 좋으면 무엇을 합
   니까?

4) 여자 : 학교에 올 때 무엇을 타고 왔어요?

   남자 : 보통 버스를 타는데 오늘은 비가 와서
   지하철을 타고 왔어요.

   문제 : 이 남자는 오늘 학교에 무엇을 타고 왔
   습니까?

5) 여자 : 집에 혼자 있을 때 뭐 하세요?

   남자 : 책을 읽거나 공원에서 운동해요. 어제
   는 날씨가 좋아서 조깅했어요.

   문제 : 이 남자는 어제 무엇을 했습니까?

03 다음 대화를 듣고 질문에 답하십시오.

직원 : 맛있게 드셨어요?

손님 : 네, 맛있게 먹었어요. 그런데 적립 카드 하
   나 만들고 싶은데요.

직원 : 네, 잠시만 기다리세요. (조금 후에) 다 됐
   어요.

손님 : 얼마나 적립이 돼요?

직원 : 현금으로 내실 때는 10%, 카드로 내실 때
   는 5% 적립됩니다.

손님 : 적립금은 얼마부터 쓸 수 있어요?

직원 : 적립금액이 만 원이 되면 그 때부터 쓰실 수
   있어요.

문제 : 1) 이 사람은 무엇을 만들려고 해요?

   2) 적립금액이 얼마가 되면 사용할 수 있어
   요?

   3) 음식값을 현금으로 낼 때 몇 % 적립돼
   요?

04 다음 대화를 듣고 질문에 답하십시오.

남자 : 지금 어디에 가세요?

여자 : 운동하러 가요.

남자 : 운동을 어디에서 하세요?

여자 : 아침마다 집 근처 산에서 등산해요.

남자 : 날마다 등산을 하세요?

여자 : 네, 보통 등산을 해요. 그렇지만 비가 올 때
   는 헬스클럽에서 운동을 해요.

문제 : 1) 이 사람은 날마다 무엇을 해요?

   2) 비가 오는 날에는 어디에서 운동을 해
   요?

Unit 25 **리무진 버스는 1층에서 타야 해요.**

01 다음 대화를 듣고 맞는 대답을 고르십시오.

1) 아내 : 내일은 몇 시에 일어나야 해요?

   남편 : 일곱 시에 일어나야 해요.

   문제 : 이 남자는 몇 시에 일어나야 합니까?

2) 여자 : 이번 주말에 우리 집에서 집들이를 하는
   데 시간 있으면 오세요.

   남자 : 저도 가고 싶은데 다음 주에 시험이 있
   어서 공부해야 해요.

   문제 : 이 남자는 주말에 무엇을 해야 합니까?

3) 아내 : 일요일인데 출근해요?

   남편 : 급한 회의가 있어서 회사에 가야 해요.

   문제 : 이 남자는 왜 회사에 가야 합니까?

4) 남자 : 한국말을 잘하려면 어떻게 해야 해요?

   여자 : 한국 친구하고 이야기를 많이 해야 해
   요.

   문제 : 한국말을 잘하려면 어떻게 해야 합니까?

5) 남자 : 콘서트 티켓이 2장 있는데 이번 주말에
   같이 보러 가시겠어요?

여자 : 미안하지만 친구 결혼식이 있어서 부산
　　　에 가야 해요. 다음에 봐요.
문제 : 이 여자는 왜 콘서트를 보러 갈 수 없습
　　　니까?

02 다음 대화를 듣고 질문에 답하십시오.
남자 : 말씀 좀 묻겠습니다. 공항 리무진 버스를
　　　타려면 어디로 가야 해요?
여자 : 1층에 버스 타는 곳이 있는데 어디로 가실
　　　거예요?
남자 : 강남으로 가려고 하는데요.
여자 : 네, 행선지마다 버스 타는 곳이 다르니까
　　　잘 보고 타세요.
남자 : 고맙습니다. 그런데 표를 사야 해요?
여자 : 표를 사도 되고, 현금으로 내도 돼요.
문제 : 1) 이 사람은 지금 어디에 있습니까?
　　　2) 리무진 버스를 몇 층에서 탑니까?

03 다음 대화를 듣고 빈칸에 알맞은 말을 쓰십시오.
남자 : 신용카드를 만들려고 왔는데요.
여자 : 신분증하고 도장 가져오셨지요?
남자 : 도장이 없는데 꼭 있어야 돼요?
여자 : 아니요, 없으면 서명하셔도 돼요. 그럼 신
　　　청서 작성해 주시고 신분증 좀 보여 주세
　　　요.
남자 : 그런데 직장 주소는 잘 모르는데 꼭 써야
　　　해요?
여자 : 모르시면 그냥 집주소만 써 주세요.
남자 : 다 썼어요.
여자 : 잠시만 기다려 주세요. (조금 후에) 네, 다
　　　됐습니다. 카드는 일주일 후에 나올 거예
　　　요.

귀에 쏙쏙 들어오는

생생 한국어 듣기 초급코스

초판발행	2009년 8월 30일
초판 5쇄	2018년 3월 16일
저자	서울 한국어 아카데미
펴낸이	엄태상
책임 편집	장은혜, 김효은, 양승주
제작	조성근
마케팅	이승욱, 오원택, 전한나, 왕성석
온라인 마케팅	김마선, 심유미, 유근혜
경영지원	마정인, 최윤진, 김예원, 양희운, 박효정
펴낸곳	한글파크
주소	서울시 종로구 자하문로 300 시사빌딩
주문 및 교재 문의	1588-1582
팩스	(02)3671-0500
홈페이지	http://www.sisabooks.com
이메일	sisabooks@naver.com
등록일자	2000년 8월 17일
등록번호	1-2718호
ISBN	978-89-5518-648-2 18710
	978-89-5518-647-5 (set)

* 한글파크는 랭기지플러스의 임프린트사이며, 한국어 전문 서적 출판 브랜드입니다.
* 이 책의 내용을 사전 허가 없이 전재하거나 복제할 경우 법적인 제재를 받게 됨을 알려 드립니다.
* 잘못된 책은 구입하신 서점에서 교환해 드립니다.
* 정가는 표지에 표시되어 있습니다.

이보다 더 **생생** 할 순 없다!

살아있는 한국어

관용어

한국인의 생각과 문화까지 이해시킨다!

* 상황과 주제에 따라 다양한
  대화문과 예문을 제시했다.

* 60개의 관용어는 실제 사용 빈도를
  바탕으로 선정한 말하기 중심 교재이다.

* 각 과마다 해당 관용어와 관련된
  읽을거리, 게임, 옛날이야기, 토론 주제 등을
  실어서 학습효과와 흥미를 높이고 있다.

* 문화요소를 반영하는 첫 관용어 학습교재이다.

저자 김선정 · 강현자 · 김경하 · 류선영
값 13,000원

쉽게 배우는 한국어

Easy Learning Korean

부산외국어대학교 한국어교육센터
우형식 · 조위수 · 박성경 공저
값 15,000원 (교재 + CD 1장 포함)

부산외국어대학교 한국어교육센터
우형식 · 양윤정 · 권혜경 · 엄진숙 공저
값 12,000원

초급 듣기·말하기

초급단계의 듣기·말하기 능력을 키우자!

본문듣기 본문 내용을 들으면서 간단한 질문에 답할 수 있도록 구성

어 휘 각 단원의 주제 관련 어휘, 본문에 새로 나온 어휘, 문형과 연습 및 활동에 사용된 어휘로 구별하여 정리, 제시

문법과 표현 정확한 한국어 표현을 위해 각 단원의 주제와 관련한 문법과 표현을 예문과 함께 제시

연 습 어휘와 문법을 익히기 위한 교육적인 과제 중심으로 구성

활 동 원활한 의사소통 수행을 위한 실제적인 듣기, 말하기 활동

초급 읽기·쓰기

초급단계의 읽기·쓰기 능력을 키우자!

본 문 다양한 주제와 상황에서 활용되는 기초적인 표현들을 제시

발 음 본문에 나온 구체적인 어휘들의 실제 발음을 연습

어 휘 본문 안에 제시된 어휘 가운데 활용도가 높은 것을 선정해서 용법을 중심으로 제시했으며, 어휘장에 따라 어휘 확장을 시도

문법과 표현 각 단원이 목표로 하는 문법 항목과 표현을 제시

연 습 문법과 표현에서 익힌 것을 문제 해결 방식으로 연습하게 구성

활 동 주제에 맞는 읽기 활동과 간단한 쓰기 활동을 통해 단원별 학습내용을 심화하고 확장